영적 전투의
세 영역

The three battlegrounds
by Francis Frangipane

Copyright ⓒ 1989, 2006 by Francis Frangipane
Published by Arrow Publications, Inc.
P.O. Box 10102 Cedar Rapids, IA 52410

Korean translation Copyright ⓒ 2007 by Pure Nard
2F 16, Eonju-ro 69-gil, Gangnam-gu, Seoul, Korea

The Korean edition is published by arrangement with Arrow Publications, Inc.
All rights reserved.

본 저작물의 한국어판 저작권은 Arrow Publications, Inc와의 독점 계약으로
도서출판 '순전한 나드'가 소유합니다.
저작권자의 허락 없이 이 책의 일부 또는 전체를
무단 복제, 전재, 발췌하면 저작권법에 의해 처벌을 받습니다.

영적 전투의 세 영역

초판　　발행　2007년 5월 10일
2판　　10쇄　2010년 9월 16일
개정 1판 9쇄　2024년 1월 15일

지은이 | 프랜시스 프랜지팬
옮긴이 | 이재인 · 박선규

펴낸이 | 허철
펴낸곳 | 도서출판 순전한나드
등록번호 | 제2010-000128
주소 | 서울 강남구 언주로69길 16, (역삼동) 2층
도서문의 | 02)574-6702
　　　　　02)574-9704(팩스)
홈페이지 | www.purenard.co.kr
인쇄 | 예원프린팅

Printed in Korea

ISBN 978-89-6237-092-8 03230

개|정|판

The Church

THE THREE BATTLEGROUNDS
영적 전투의 세 영역

The Mind

프랜시스 프랜지팬 지음

Heavenly Places

Contents

- 들어가는 말 6
- 서문 7

Part 1 _ 영적 전투의 영역, 마음

Chapter 01 _ 사탄의 영토, 어두움의 왕국 14

Chapter 02 _ 하나님 백성의 요새, 겸손 23

Chapter 03 _ 원수의 요새들을 파함 30

Chapter 04 _ 생각으로 지어진 집 38

Chapter 05 _ 원수의 요새들의 세 가지 원천 51

Chapter 06 _ 그리스도의 형상의 요새 59

Chapter 07 _ 원수들의 한가운데서 다스리라! 66

Part 2 _ 영적 전투의 영역, 교회

Chapter 08 _ 칼을 빼어 드신 주님 74

Chapter 09 _ '식어진 사랑'의 요새를 주의할 것 79

Chapter 10 _ 분별의 은사 87

Chapter 11 _ 거짓된 분별의 제거 93

Chapter 12 _ 무너진 곳을 보수하는 자들 98

Chapter 13 _ 예배자들로 구성된 하나님의 군대 105

Chapter 14 _ 형제들의 참소자를 쫓아냄 112

Part 3 _ 영적 전투의 영역, 하늘의 처소

Chapter 15 _ 현실을 둘러싼 전쟁 126

Chapter 16 _ 적그리스도의 영을 밝히다! 136

Chapter 17 _ 이세벨의 영을 분별함 146

Chapter 18 _ 엘리야, 예후, 그리고 이세벨의 전쟁 156

Chapter 19 _ 이세벨에 대한 우리의 경험 165

Chapter 20 _ 이세벨의 영을 대적할 전략 172

Chapter 21 _ 이세벨의 영으로부터 자유함을 얻기 179

Chapter 22 _ 하나님은 당신의 심판을 따라 심판하신다 184

Chapter 23 _ 원수의 본성을 분별함 191

- 마지막 한마디 195
- 간략한 낱말풀이 197

들어가는 말
foreword

　이 책 뒤에 있는 낱말 풀이에 익숙해지길 바랍니다. 우리는 또 때때로 본문을 고쳐 개정판을 낼 것입니다. 만약 견해를 달리 하시는 부분이 있으면 우리에게 말씀해 주시기 바랍니다. 주님이 인도하시는 대로 다음 인쇄할 때 필요한 수정을 가할 것입니다.

　언젠가는 밝혀지게 될 과제, 즉 미지의 영역을 우리가 더듬어 찾고 있다는 사실은 정신을 번쩍 들게 만듭니다. 그럼에도 이런 차원의 영역에서는 찾아낼 수 있는 많은 지혜와 지식이 있습니다. 그러므로 현재 우리의 불완전함을 유념하면서 이 탐구에 임합시다.

　동시에 이 책은 진지한 기도의 용사들과 앞날을 준비하고 있는 지도자들에게 안내서의 역할을 할 것입니다. 이 정보를 여러분에게 전할 때, 우리가 확신하는 바는 주님 자신이 우리를 인도하시기로 그분의 마음을 정하셨다는 것입니다. 주님 안에서 모든 것이 온전하며 또 주님께 의지함으로써 모든 것이 합당하게 되는 것입니다.

서문

introduction

　본서는 영적 전쟁에 관한 책입니다. 우리가 이 책을 읽기 전에 알아야 할 두 가지 중요한 사항이 있습니다. 첫 번째는 우리에게 하나님의 지혜가 필요하다는 것입니다. 유럽에는 '오래된 습관과 기만은 항상 젊음과 열정을 몰아낸다' 는 오래된 속담이 있습니다. 영적 전쟁에 임하기 전에, 우리는 반드시 사탄에 대해서 알아야만 합니다. 사탄은 옛 마귀로, 가장 기만하는 적수입니다. 반면에 대부분의 크리스천은 이상적이며 강한 열정에 신앙이 기초하고 있으나 그 신앙은 아직 시험을 통과하지 않은 상황입니다. 이러한 열정은 대체로 5년에서 10년 사이에 대부분 소진됩니다. 이러한 경고가 없다면 사역자들의 부르심은, 처음 비전을 잘 따라가는 것에서 단순히 직업적으로 사역하는 것으로 퇴락하고 맙니다.

　이러한 일이 일어나는 원인은, 열정만을 가지고 기만하는 지옥의 권세에 도전하다가 그 열정을 잃어버렸기 때문입니다. 그럼으로써 젊은이들의 꿈의 광채는 무자비한 사탄의 공격의 어두운 구름 아래로 사라져 버립니다. 낙담과 패배감에 의해 자라난 그 무게로 인해, 우리 안에서 사탄과 타협하고자 하는 성향이 증가되고, 그것은 또한 영적 묶임과 사악한 행동을 낳게 됩니다.

그러나 정말로 잘못된 것은 죄가 아니라 무지함에 관한 것입니다. 우리는 교리적인 사고의 틀 안에 사탄을 묶어 놓고, 그곳에 계속 사탄이 거한다고 추측해 왔습니다. 그러나 사실은 그렇지 않습니다. 사탄은 관계를 허물어뜨리고, 우리의 사랑을 의심하게 했습니다. 그리고 우리의 기도에 대적하며, 우리의 믿음이 약해지게 했습니다. 나는 목사님들과 고군 분투하며 많은 시간을 보낸 후, 일반적인 주요 성향들을 발견했습니다. 대부분의 목사님들이 악한 영의 극심한 공격을 분별하지 못했습니다. 그들은 옛 마귀, 사악하고 기만하는 그 적수를 대적하는 데 있어 보호받지도 못했습니다.

예수님께서는 영적 전쟁을 포함하여 모든 것을 위해 제자들을 준비시키셨습니다. 제자들은 예수님께서 귀신을 몰아내는 것을 보았습니다. 그들은 그 악령이 실제로 존재하는 것임을 명백하게 알고 있었습니다. 예수님은 제자들을 파송하셨고, 악한 영에 사로잡힌 자들이 자유케 되었습니다. 그러나 예수님께서 제자들을 보내시기 전에, 뱀같이 지혜롭고 비둘기 같이 순결하라고 강권하셨습니다(마 10:16). 즉, 우리가 신성한 지혜를 가지고 그리스도와 같은 순결함으로 변화되는 것은, 모든 영적 승리에 있어 근본적인 뿌리가 됩니다. 진실로 우리는 적들을 패배시킬 수 있습니다. 그러나 하나님의 지혜가 영적 전쟁의 싸움에서 우선되어야 하며, 승리 앞에서 변화된 우리의 순결한 성품을 보아야만 합니다.

종국적으로 본서의 목적은, 하나님의 지혜 안에서 교회를 훈련시키고, 교회를 순결함으로 다시 부르려는 것입니다. 우리는 과거에 이미 배워왔던 것들을 무시하지 말아야 하며, 반드시 믿음으로 살아야 합니다. 그러나 하나님의 방법으로 배워야 하며 하나님이 주시는 지혜를 가지고 생각해야 합니다. 그리고 하나님을 볼 수 있는 순전한 마음을 가져야 하며, 또한 영을 분별하는 능력도 필요합니다. 실제로 사탄의 공격에 우리가 취약해지는 이유는 바로 영분별의 부족함 때문입니다.

두 번째로 본서를 읽기 전에 알아야 할 중요한 사항은, 영적 전쟁에서 승리하는 지름길은 없다는 것입니다. 다만, 더 길고 모험적인 길만 있을 뿐입니다. 모험의 길 중 하나는 가정과 추측으로 가리워진 싸움터로 들어가는 것입니다. 효과적인 전쟁을 위해서는, 승리의 핵심 비결이 되는 주의력을 길러야 합니다.

당신이 겪고 있다고 생각하는 최상의 영적 단계가 무엇이든, 이것을 반드시 기억하십시오. 아담은 그가 타락했을 때, 낙원에 있었습니다. 당신의 증가된 지식과 종교적인 경험들로, 당신이 지나친 자만심을 가지기 전에, 솔로몬이 썼던 말씀을 기억하십시오. 솔로몬은 하나님의 영광을 대면하여 보았음에도 불구하고 타락했습니다. 그렇습니다. 전능하신 하나님을 가장 깊게 경배하는 당신에게도 동일한 일이 일어날 수 있습니다. 아주 오래 전에 루시퍼도 천상의 자리에 거하였었고, 하나님을 찬양하는 것에 자신을 넘치도록 내어드렸던 천사였습니다.

우리는 수많은 타락한 사람들을 알고 있습니다. 예수님은 많은 사람들의 사랑이 식을 것이라고 경고하셨습니다. 당신에게 이러한 일들이 일어나지 않을 것이라고 가정하거나 추측하지 말기를 권고합니다. 우리의 적은 수천 년 간 우리를 속여온 전문가입니다. 한편 그에 비하여 우리의 경험은 너무도 짧고 단편적일 뿐입니다. 그러므로 우리가 알 수 없는 것들을 분별하게 해주는 것이 바로 하나님이 주시는 지혜이며, 그 지혜 안에 영적 전쟁에 관한 모든 것이 있습니다.

따라서, 당신은 기도의 삶에 담대하게 나아가되 결코 무모하거나 거만해지지 마십시오. 당신에게 주어진 영적 권위를 합법적으로, 열정을 가지고 사용하되 결코 주제넘게 다루지 마십시오. 선하지만 깨닫지 못한 다수의 크리스천들이 경솔한 태도로 영적 전쟁터에 나아갔을 때, 그들은 대가를 지불하며 고통을 겪었습니다. 영적 전쟁에 관한 여러 권의 책들을 공부하고, 당신의 영적 전쟁의 전략을 위하여 하나님으로부터 지혜를 구하십시오. 성경은 이렇게 말씀하고 있습니다. "경영은 의논함으로 성취하나니 지략을 베풀고 전쟁할지니라"(잠 20:18).

이 책의 목적은 우리가 대면하게 되는 기본적인 세 가지 영적 전쟁의 영역들, 즉 우리의 마음과 교회와 천상의 싸움을 위해 당신을 무장하도록 돕는 것입니다. 영적 전쟁에는 하위의 여러 가지 영역들이 있지만, 본서에서 다루게 되는 것은 대부분 우리가 실제로 접하게 되는 것들입니다.

마지막으로 당부할 것은, 당신들 중 누군가는 실제로 당신의 도시를 구원하는 데 유익한 도구가 될 수 있다는 것입니다. 우리가 바라는 것은 본서의 각 항목들이 이러한 목적들의 성취를 위하여 지침을 제공하며 당신을 무장시키는 것입니다. 하나님의 영은 우리에게 이러한 약속으로 말씀하십니다. "곧 작고 인구가 많지 아니한 어떤 성읍에 큰 왕이 와서 그것을 에워싸고 큰 흉벽을 쌓고 치고자 할 때에 그 성읍 가운데 가난한 지혜자가 있어서 그의 지혜로 그 성읍을 건진 것이라 그러나 그 가난한 자를 기억하는 사람이 없었도다"(전 9:14-15).

많은 사람들이 도시의 붕괴와 나라의 퇴락을 예언하지만, 그들은 당신 안에 계신 그리스도의 능력에 대해서 간과하고 있습니다. 우리가 기억해야 할 말씀이 여기 있습니다. "지혜가 힘보다 나으니…지혜가 무기보다 나으니라"(전 9:16, 18).

프랜시스 프랜지팬

The Mind

The Three Battlegrounds

성령께서는 전투에 임하는 우리의 첫 마음가짐이
하나님께 대한 경배라고 계속 우리에게 말씀하고 계십니다.
하나님의 임재 안에 여러분의 자리를 잡으십시오.

Part *1*

영적 전투의 영역, 마음

예수님께서 십자가에 달리신 곳의 이름은 '골고다', 곧 '해골의 곳'이란 뜻입니다. 우리가 효과적으로 영적 싸움에서 싸울 수 있게 되기 위해 싸움을 배워야 할 첫 접전지는 마음이란 영적 전투의 영역, 곧 '해골의 곳' 입니다. 왜냐하면 십자가에 못 박히지 않은 사고의 삶이 차지하는 영역은 사탄이 우리의 삶을 공격하기 위한 상륙 거점이 되기 때문입니다. 마귀를 물리치기 위해서 우리는 '해골의 곳'에서 십자가에 못 박혀 죽어야만 합니다. 이로써, 우리 마음의 영이 새로워져야만 합니다.

Chapter 01

사탄의 영토, 어두움의 왕국

The Three Battlegrounds

많은 그리스도인들이 마귀가 땅에 있는지 또는 지옥에 있는지 그리스도인 안에도 거하는지, 세상에만 있는지로 논쟁을 벌입니다. 사실인즉 마귀는 흑암 속에 있습니다. 영적 흑암이 있는 곳마다 마귀가 있습니다.

영적 싸움을 위한 준비

대부분의 그리스도인들에게 "영적 싸움"이란 용어는 그들의 신앙체험에 있어서 반드시 반갑다고 할 수 없는 새로운 차원입니다. 악한 영들을 맞아 싸운다는 생각은 무언가 우리를 불안하게 하는 개념이며, 이는 특히 우리가 예수님께 왔을 때 잃어버린 양들이었지 용사가 아니었기에 그럴 수 밖에 없는 것입니다. 그러나 우리 모두가 직면하고 있는 사실은 마귀가 이미 우리를 상대로 싸움을 시작했다는 것입니다. 그러므로 우리의 본성 가운데 사탄의 공격에 무방비 상태로 열려 있는 곳이 어디인가를 분별하는 것은 우리의 기본적인 안녕을 위해서 필수입니다.

성경은 "또 자기 지위를 지키지 아니하고 자기 처소를 떠난 천사들을 큰 날의 심판까지 영원한 결박으로 흑암에 가두셨으며"라고 말하고 있습니다(유 1:6).

사탄이 하나님을 거역하였을 때 하나님께서는 그를 영원한 심판 아래 두셨는데, 성경은 이를 가리켜 "무저갱" 또는 흑암의 "결박"(벧후 2:4)이라고 부릅니다. 마귀와 함께 타락한 천사들은 어두움 속에 거하도록 추방당했습니다. 이 흑암은 단순히 "빛이 없는 지역들", 다른 말로 햇빛이 없는 지역들을 뜻하는 것이 아닙니다. 성경 말씀이 뜻하는 바 영원한 흑암이란 근본적으로 도덕적인 의미의 흑암이며 이것이 결국 문자 그대로의 흑암으로 전락하는 것입니다. 그러므로 흑암의 원인은 단순히 빛이 없다는 것이 아니라, 빛이 되시는 하나님, 바로 그분이 계시지 않다는 것입니다.

사탄을 가두어 둔 이 흑암이 인간의 외부 세계에만 국한되어 있지 않음을 깨닫는 것은 아주 중요합니다. 그러나 예수를 알지 못하는 사람들과는 달리 우리는 흑암의 영토 혹은 "권세"로부터 건짐을 받았습니다(골 1:13). 우리가 빛의 자녀로 거듭났다면 우리는 어두움의 함정에 빠져 있지 않을 것입니다. 그러나 죄를 용납함으로써 어두움을 용납한다면 우리는 사탄의 공격 앞에 우리 자신을 무력하게 드러내고 있는 것입니다. 왜냐하면 하나님의 말씀에 대한 고의적인 불순종이 있는 곳마다 영적 어두움이 있으며 귀신이 활동할 가능성이 있기 때문입니다.

따라서 예수님은 경고하시기를 "그러므로 네 속에 있는 빛이 어둡지 아니한가 보라"고 하셨습니다(눅 11:35). 여러분 속에 한 빛이 있으니 곧 "사람의 영혼은 여호와의 등불이라"고 했습니다(잠 20:27). 여러분의 영은 그리스도의 영으로 조명을 받아 "여호와의 등불"이 되어 여러분의 속을 살핍니다. 참으로 성령 충만한 그리스도인에게는 실로 거룩한 광채가 감싸고 있습니다. 그러나 여러분이 죄를 품고 있을 때 "여러분 속에 있는 빛"은 "어두움 속에" 있게 됩니다. 사탄은 어두움이 지배하는 곳에 들어가 거할 합법적인 권리를 하나님께로부터 받았습니다. 우리는 이 점을 바로 알아야 합니다. 사탄는 어두움이 있는 곳이면 어디든지, 그리스도인의 마음에 아직도 어두움이 존재한다면 이 마음마저도 사탄이 드나들 수 있는 곳이 됩니다.

하나님의 타작기

사탄이 인간 본성의 육적인 면에 들어가는 예를 베드로가 예수님을 부인하는 사건에서 보게 됩니다. 베드로가 실패했다는 것은 분명합니다. 그러나 우리가 쉽게 보지 못한 것은 보이지 않는 영적 세계에서 무슨 일이 일어나고 있었는가 하는 것입니다.

예수님은 베드로가 그를 세 번이나 부인할 것을 정확하게 미리 말씀하셨습니다. 그날 밤 그의 행동을 본 사람이라면 누구든지 베드로의 부인은 두려움 때문이라고 간단하게 결론내리게 됩니다. 그러나 베드로는 본성적으로 두려움이 많은 사람이 아니었습니다. 그는 몇 시간 전에 예수님을 붙잡기 위해 왔던 무리들을 상대로 칼을 뽑았던 제자입니다.

그러므로 인간적인 두려움이 베드로로 하여금 주님을 부인하게 한 것이 아니었습니다. 베드로의 부인은 바로 사탄에 의해 유도되었던 것입니다.

예수님은 베드로에게 미리 경고하셨습니다. "시몬아, 시몬아, 보라 사탄이 밀 까부르듯 하려고 너희를 요구하였으나 그러나 내가 너를 위하여 네 믿음이 떨어지지 않기를 기도하였노니 너는 돌이킨 후에 네 형제를 굳게 하라"(눅 22:31, 32). 보이지 않는 배후에서 사탄은 베드로를 밀 까부르듯 하려고 청구하여 허락을 받았습니다. 사탄은 베드로의 심령 속에 있는 어두움의 영역에 드나들 권리를 가진 것입니다.

어떻게 사탄은 베드로를 넘어뜨렸습니까? 유월절 식사가 끝난 후 예수님은 제자들에게 그들 중의 하나가 자신을 배신할 것이라고 말씀하셨습니다. 계속해서 성경은 아래와 같이 말씀하고 있습니다. "그들이 서로 묻되 우리 중에서 이 일을 행할 자가 누구일까 하더라"(눅 22:23). 아주 어둡고 우울한 순간이었습니다. 그럼에도, 이처럼 몸서리치는 순간에 성경은 "또 그들 사이에 그 중 누가 크냐 하는 다툼이 난지라"고 기록하고 있습니다(눅 22:24). 그들은 충격과 실망에 처해 있다가 그들 중에 누가 가장 크냐는 논쟁으로 옮겨간 것입니다! 베드로, "물 위를 걸은 자", 사도들 중에 가장 담대하고 가장 거리낌 없이 말하는 그가 다른 사도들을 압도하였을 것이 분명합니다. 베드로가 다른 사도들 중에 높이 돋보인 것이 그를 우월감에 쌓이도록 했고, 사탄이 이를 부채질하여 자만과 오만한 마음을 갖도록 이끌어간 것으로 우리는 가정해 볼 수 있습니다. 교만으로 높아진 베드로는 넘어지게끔 된 것입니다.

교만은 "패망의 선봉"입니다(잠 16:18). 교만은 사탄을 타락시킨 원인이며, 베드로로 하여금 넘어지게 했던 바로 그 어두움입니다. 사탄은 자신의 경험을 통해 종교적인 교만과 질투에 대한 하나님의 심판을 잘 알았습니다. 그러나 사탄은 베드로를 닥치는 대로 공격하고 죽일 권리를 갖지 못했습니다. 그는 주님으로부터 허락을 받고 나서야 베드로를 공격할 수 있었습니다. 그러나 사실은 사탄이 허락을 요구했고 또 이를 받아냈다는 것입니다.

하나님께 순복하라

사탄이 베드로를 넘어지게 하는데 사용한 걸림돌은 베드로 자신의 교만이었습니다. 싸움에 나서기 전에 우리가 어두움 속에 숨기고 있는 영역들이 앞으로 우리가 패배를 당할 영역들임을 인정합시다. 우리가 우리 안에 있는 어두움을 찾아내어 회개할 때까지 그 싸움은 그치지 않을 것입니다. 영적 싸움에 효과적으로 대비하려면 우리는 계속해서 우리의 마음을 살피며 하나님과 겸손히 동행하지 않으면 안 됩니다. 우리의 첫 행동 지침이 되어야 할 것은 "하나님께 순복하라"입니다. 그러면 우리가 "마귀를 대적"할 때 마귀가 우리를 피해 달아날 것입니다(약 4:7).

베드로와 우리 자신에게 좋은 소식은 사탄이 성도들을 멸망케 하도록 결코 허락받지 못한다는 것입니다. 오히려 사탄이 허락받은 것은 성도들을 "밀알처럼" 까부르는 것에 한정되어 있습니다. 우리 안에는 밀

알이 있습니다. 사탄의 이와 같은 공격은 하나님께서 허락하시는 뜻을 통해 허용된 것이며 그 결과는 교만의 마음을 씻어 버리고 우리의 삶을 보다 더 겸손하고 더 솔직하게 만드는 것입니다. 하나님은 선을 이루시기 위하여 그렇게 하십니다. 우리의 껍질같은 겉 사람의 본성은 새로 피조된 사람의 밀알같은 본성이 껍질을 깨고 나오는 것을 돕기 위해 죽어야만 합니다. 껍질과 겨는 둘 다 필요한 것입니다. 그것들은 삶의 모진 요소들로부터 우리를 지켜주고 보호해 주었습니다. 하나님께서 우리를 참으로 쓰실 수 있게 되기 전에 우리는 껍질을 깨는 탈곡의 때를 지나게 될 것입니다.

베드로가 가졌던 껍질의 본성은 건방지고도 교만했습니다. 그는 처음에 잘한 일들 때문에 야심에 차고 자기중심적이 되어 버렸습니다. 하나님은 교만이 깨지지 않은 자에게는 그 누구일지라도 그의 나라를 결코 맡기실 수가 없으십니다. 왜냐하면 교만은 그 자체가 흑암의 갑주이기 때문입니다. 그래서 사탄이 베드로를 공격하겠다고 허락을 구했을 때 예수님은 사실상 "까부를 수는 있어도 그를 멸망시키는 것은 허락지 않는다"고 말씀하신 것입니다. 베드로를 노린 싸움은 지독했지만 정확하게 미리 짜여진 것이었습니다. 이를 통해 하나님이 뜻하신 바를 이루신 것입니다.

베드로는 자신 안에 있는 어두움의 영역들에 관해 무지했으며 이 같은 무지로 인해 공격을 불러 들였습니다. 그러나 주님은 우리 각자에게 물으실 것입니다. "사탄의 공격을 받기 쉬운 곳이 네 속 어디에 있는지 네가 아느냐?" 예수님은 우리가 우리의 부족함에 무지하지 않도록 하실 것입니다. 사실 주님께서는 우리 마음속의 죄를 드러내심으로써 마귀의 역사를 허무시고자 하는 것입니다. 우리는 "마귀를 대적할 수 있는 최대의 방어는 하나님 앞에서 정직한 심령을 유지하는 것임"을 깨달아야 합니다.

성령께서 회개가 필요한 곳을 보여주실 때 우리는 우리 자신을 변호하려는 본능을 극복해야만 합니다. 마음속 캄캄한 골방에서 우리의 마음속 변호사가 불쑥 나와서는 "내가 맡은 이 피고는 별로 나쁘지 않은 사람"이라며 변호하는 시시한 소리를 잠잠케 해야만 합니다. 우리의 "변호인"은 죽는 날까지 우리를 감싸려 할 것입니다. 또 그 소리에 귀를 기울이면 우리는 무엇이 잘못되었는지 결코 보지 못할 것이며, 변해야 할 것이 무엇인지도 결코 직시하지 못할 것입니다. 영적 싸움에서 승리하려면 자신을 변호하려는 본능을 주 예수 앞에 내어놓아야 합니다. 왜냐하면 그리스도 한 분만이 우리를 참으로 변호해주시는 "대언자"가 되시기 때문입니다.

이 같은 지식을 받아들이지 않은 채 우리는 영적 전투에 나설 수가 없습니다. 참으로 야고보서 4장 6절은 말씀합니다. "하나님이 교만한 자를 물리치시고 겸손한 자에게 은혜를 주신다." 하나님은 교만한 자를 물리치십니다(대적하신다는 뜻). 이는 매우 중요한 구절입니다. 우리가 교만해서 겸손히 스스로의 잘못을 인정하지 못할 때, 하나님이 우리를 대적하시게 되는 것입니다.

야고보는 4장 7절에서 계속 말씀하십니다. "그런즉 너희는 하나님께 복종할지어다 마귀를 대적하라 그리하면 너희를 피하리라." 이 구절을 보면 대체로 그 자체가 영적 싸움의 승리를 보여주는 기념탑처럼 보여지지만, 사탄이 달아나는 것을 볼 수 있는 것은 회개, 겸손 그리고 정결한 심령을 갖는데서 되는 것입니다.

우리는 하나님께 막연하게 순복하는 것 이상으로 나아가야 합니다. 우리는 우리 개개인이 싸우는 전투에서 정확하고 구체적인 영역을 주님께 순복하여 내어 놓아야만 합니다. 우리가 마귀의 능력을 대적하게 되는 때, 이는 분명코 예수님께 순복한 심령으로부터 이루어질 것입니다.

이 책 전체에 거듭해서 나오는 교훈이 있습니다. 여러분이 장차 영적 싸움에서 승리하기 위해서는 이 원칙을 알고 이를 깨닫고 또 삶에 적용하는 것이 아주 중요합니다. 이 원칙은 이것입니다. 승리는 우리의 입으로 고백하는 예수의 이름에서 시작됩니다. 하지만 그 완성은 우리의 심령 속에 그리스도의 성품이 이루어질 때에야 비로소 이루어집니다. 이것은 영적 싸움의 모든 면에 적용됩니다. 그리스도를 닮게 되는 것만이 하나님의 유일한 응답임을 깨닫게 되기까지 참으로 사탄이 우리의 연약한 곳을 공격하도록 허락될 것입니다. 우리가 예수님의 이름뿐만 아니라 그의 성품까지도 덧입기 시작할 때 적은 물러갈 것입니다. 만일 사탄의 공격이 오히려 우리를 온전케 하도록 역사하고 있다면, 사탄은 그 공격을 멈출 것입니다.

베드로의 영적 싸움의 승리는, 오순절 후 하나님께서 그를 쓰셔서 앉은뱅이를 고치셨을 때 나타났습니다. 겸손하게 된 새 베드로가 모여든 군중에게 말합니다. "우리 개인의 권능과 경건으로 이 사람을 걷게 한 것처럼 왜 우리를 주목하느냐"(행 3:12). 교만과 마귀를 이긴 베드로의 승리는 그의 입술에서 나간 예수의 이름으로 시작되었고, 그의 심령 속에 이루어진 예수의 성품으로 온전한 승리를 이루었습니다. 베드로 안에 있던 어두움이 빛으로 바뀌었으며, 베드로 안에 있던 교만한 마음 대신에 그리스도께서 자리 잡으셨습니다.

Chapter 02

하나님 백성의 요새, 겸손

The Three Battlegrounds

사탄은 인간의 덕스러움을 두려워합니다. 그는 겸손 앞에 기겁을 합니다. 그는 겸손한 사람을 보면 등골이 오싹하게 됩니다. 그리스도인들이 무릎을 꿇을 때 그의 머리털은 곤두서게 됩니다. 왜냐하면 겸손은 하나님께 영혼을 바쳐드리는 것이기 때문입니다. 마귀는 온유한 자 앞에서 떨게 됩니다. 왜냐하면 그가 한때 자유로이 드나들 수 있던 영역들에 이제는 주님이 서 계시며, 사탄은 예수 그리스도 앞에서 기겁을 하게 되는 것입니다.

싸우는 상대가 참으로 누구인가?

에덴동산에서 인류가 타락했을 때 하나님께서 사탄을 향해서 "흙을 먹을지니라."고 심판하신 것을 기억할 것입니다. 그리고 하나님께서 사람에 대해 "너는 흙이니"라고 하신 말씀도 기억해 보십시오(창 3:14-19). 우리의 육적 성품, 곧 타고난 모든 것의 본질은 흙입니다. 여기에 서로 연결된 내용을 알아야 할 필요가 있습니다. 사탄은 "흙"이라는 우리의 땅에 속한 육적 성품을 먹고 삽니다. 사탄의 만찬에는 우리가 하나님께 내어놓지 않고 있는 것들이 올라와 있습니다.

그러므로 우리는 우리가 안고 있는 문제들과 억누르는 어려움들의 직접적인 근원이 사탄으로부터 온 것이 아니라 본질상 육으로부터 오는 것임을 깨달을 필요가 있습니다. 우리는 삶의 한 면인 우리의 육적 본성이 언제나 사탄의 목표가 되리라는 사실을 직시하고 씨름해야만 합니다. 이 같은 육적인 영역들이 우리의 기도를 서서히 막히게 하고 하나님과 동행하는 우리의 삶에 힘을 빼어 무력하게 만들 수 있는 통로를 사탄에게 열어줍니다.

자기가 의롭다는 과장된 생각에 빠지는 것이야말로 우리로 하여금 정직하게 자신을 보지 못하게 하는 원인이 됩니다. 우리는 우리 안에 어떤 분이 계신지를 압니다. 그러나 사탄과의 싸움에서 승리하려면 우리 안에 무엇이 있는지 또한 알아야만 합니다. 그러므로 하나님께 순복할 때 구체적으로 그렇게 하십시오. 여러분의 죄와 허물을 합리화하지 마십시오. 예수 그리스도의 십자가에 못 박히심은 온전한 은혜의 피난처가 되며 모든 사람으로 정직하게 자신의 부족함을 볼 수 있게 합니다. 따라서 하나님 앞에서 정직하십시오. 그는 여러분의 죄에 놀라거나 충격을 받으실 분이 아니십니다. 하나님은 여러분의 내면에 죄가 가득했을 때에도 거리낌 없이 여러분을 사랑하셨습니다. 하물며 여러분이 불의에서 벗어나기 위해 주님의 은혜를 구할 때 그가 얼마나 더 여러분에게 끊임없는 사랑을 보이시겠습니까?

영적 싸움에 나서기 전에 우리는 우리가 싸워야 할 많은 전투가 단지 우리 자신이 취한 행동의 결과임을 깨달아야만 합니다. 효과적으로 싸우기 위해서 우리는 육으로부터 오는 것과 사탄으로부터 오는 것을 구별하지 않으면 안 됩니다.

한 예를 들어 보겠습니다. 나는 아내와 한때 근처에 예쁘고 빨간 홍관조 한 마리가 있는 곳에 살았습니다. 홍관조는 자기 영역의 세력 유지에 아주 철저하여 다른 홍관조들이 이를 침범하면 미친 듯이 싸워서 쫓아냅니다. 그 때 우리에게는 승합차가 한 대 있었는데 그 차의 양옆에는 큰 거울이 달렸고 크롬으로 만든 범퍼가 달려 있었습니다. 이따금 그 홍관조는 범퍼나 거울을 쪼아대며 공격을 하곤 했는데 이는 거기에 비친 자기의 모습을 다른 새로 생각했기 때문입니다. 하루는 그 홍관조가 거울을 쪼며 공격하는 것을 보면서 "참 어리석은 녀석이군. 싸움의 상대가 그저 자기 그림자뿐이라니" 하고 생각하고 있었습니다. 바로 그때 주님이 제게 말씀하셨습니다. "이와 마찬가지로 네가 싸우고 있는 많은 상대가 네 자신의 그림자니라."

우리는 사탄을 공격하기 위한 전략을 세우기 전에 우리 자신의 육적인 본성이 우리의 진짜 적이 아님을 확실히 해야만 합니다. 우리는 자신에게 물어 보아야만 합니다. 오늘 우리를 짓누르는 것들이 우리가 어제 심은 것을 추수하고 있는 것은 아닌가?

고발하는 자와 합의하라

여러분은 예수께서 다음과 같이 가르치신 말씀을 기억할 것입니다. "너를 고발하는 자와 함께 길에 있을 때에 급히 사화(합의)하라. 그 고발하는 자가 너를 재판관에게 내어 주고 재판관이 옥리에게 내어 주어 옥에 가둘까 염려하라. 진실로 네게 이르노니 네가 한 푼이라도 남김이 없이 다 갚기 전에는 결코 거기서 나오지 못하리라"(마 5:25, 26).

예수님은 여기서 법률 소송을 피하라는 것 이상의 뜻을 말씀하고 계십니다. 실상 예수께서 지적하시는 것은 바로 이 송사하는 자와 재판관에 의하여 우리는 늘 소송에 지고 감옥에 갇히고 말 것이라는 것입니다.

이 비유는 하나님께서 인간의 의를 어떻게 보시는가를 설명합니다. 이야기 속의 송사하는 자는 사탄이며 재판관은 하나님이십니다. 우리를 송사하는 자 사탄은 모든 이의 재판관이 되시는 하나님 앞에서 형제들을 참소하고 서 있습니다. 주님께서 우리가 깨닫기를 원하시는 진리는 우리가 우리 자신의 의를 기초로 하나님께 나아갈 때 우리를 송사하는 자는 "(우리를) 옥에 던져 넣으라"고 할 합법적 근거를 항상 갖게 될 것이라는 점입니다. 왜냐하면 우리의 의란 "더러운 옷(넝마, 걸레의 뜻)같기" 때문입니다(사 64:6).

예수께서 "고발하는 자와 급히 합의하라"고 말씀하실 때 이는 사탄을 "따르라"는 뜻이 아닙니다. 주님이 말씀하시는 바는 사탄이 어떤 죄와 결점을 들어 여러분을 참소할 때, 사탄의 참소가 거의 맞지 않는다 할지라도 여러분이 불의하다는 그의 말에 합의하는 것이 유익하다는 것입니다. 만약 그가 여러분이 부정하다거나 사랑하지 않고 기도를 충분히 하지 않는다고 비난하면 "그가 맞다"고 하는 것입니다. 중요한 것은 여러분 자신의 의를 놓고 사탄과 다투지 말라는 것입니다. 왜냐하면 하나님 앞에서 여러분의 의는 용납될 수 없기 때문입니다. 아무리 변명하며 자신을 정당화시켜 보려 해도 종종 사탄의 참소 가운데는 어느 정도의 사실이 들어있음을 여러분은 속으로 알고 있습니다.

우리의 구원은 우리가 무엇을 행하느냐가 아니요 예수님이 우리에게 어떤 분이 되시는가에 기초합니다. 그리스도 자신이 우리의 의가 되십니다. 우리는 믿음으로 의롭다 하심을 얻었습니다. 우리가 하나님으로 더불어 누리는 화평은 우리 주 예수 그리스도로 말미암아 왔습니다(롬 5:1). 사탄이 여러분을 상대하러 올 때 그는 여러분을 속여서 여러분의 관심의 초점을 여러분 자신의 의에 맞추게 하려고 합니다. 우리가 오직 예수만이 우리의 의가 되심을 깨달으면 깨달을수록 송사하는 자가 우리의 부족함이 있는 것을 습격해 오지 못하게 될 것입니다.

참소자가 사랑이 부족하다며 여러분을 정죄할 때 여러분은 "네 말이 옳다. 나는 사랑이 부족하다. 그러나 하나님의 아들이 나의 모든 죄, 사랑이 부족한 나의 죄를 위해서도 죽으셨다"고 대답해야 합니다. 사탄의 공격의 그늘에서 나아와 아버지의 사랑의 빛 가운데 서십시오. 하나님께 여러분 자신을 내어드리고 여러분의 연약하고 부족한 사랑이 그리스도의 사랑과 용서로 바뀌도록 구하십시오.

사탄이 참을성이 없다고 여러분을 정죄하려 할 때 여러분은 다시 한 번 "그래, 육체로는 내가 아주 참을성이 없다. 그러나 내가 거듭났기에 예수님이 나의 의가 되셨으며 그의 피로 나는 용서하심을 받아 깨끗함을 입었다"고 대답해야 합니다. 다시 하나님께 나아가십시오. 사탄의 고소를 들을 때마다 여러분이 서 있는 곳은 심판의 보좌가 아니요 오히려 은혜의 보좌 앞이며 따라서 도우심을 얻기 위해 담대하게 하나님께로 가까이 나갈 수 있는 것을 기억하십시오(히 4:16).

그러므로 사탄을 이기는 결정적인 열쇠는 겸손입니다. 겸손히 여러분 자신을 낮춘다는 것은 여러분의 체면을 지키려고 자신을 변호하기를 거절한다는 것입니다. 옛 본성에 의하면 여러분은 부정하고 죄 투성이란 것이 사실입니다! 그러나 우리는 그리스도의 형상으로 지으심을 받은 새로운 성품을 지녔습니다(엡 4:24). 그렇기에 우리는 우리의 육의 상태에 대해 우리를 송사하는 자와 합의할 수 있습니다!

그러나 이처럼 여러분 자신을 겸손히 낮추는 원칙을 단지 영적 싸움을 하고 있을 때에만 국한하지 마십시오. 이 원칙은 다른 상황에서도 똑같이 적용될 수 있습니다. 겸손은 여러분의 영혼을 영적 방어막으로 둘러쌓아 다툼과 경쟁심, 또 삶 가운데서 짜증나게 하는 많은 일들이 여러분의 평안을 빼앗아가지 못하도록 막아주는 힘이 있습니다.

이를 실천하기에 기막히게 좋은 곳이 여러분이 가족과 관계를 맺는 가정입니다. 남편들은 아내로부터 감정이 둔하다는 비난을 들을 수가 있습니다. 이에 대해 육신적으로 반응하면 부부 사이의 대화가 쉽사리 싸움으로 확대될 수가 있습니다. 그러므로 단순히 겸손하게 자신을 낮추고 아내의 말에 그렇다고 동의하는 것입니다 여러분이 둔감했다는 것이 아마도 사실일 것입니다. 그런 다음 부부가 함께 하나님께 보다 다정한 사랑을 주시기를 구하십시오.

아내들은 아마도 남편으로부터 자신이 직장에서 얼마나 시달리는지 이해하지 못한다고 비난하는 말을 들을 것입니다. 그가 하는 말이 거의 틀림없이 맞을 것입니다. 여러분은 남편이 당하는 일들을 알지 못합니다. 남편의 비난에 역습으로 반응하는 대신 겸손히 자신을 낮추고 남편의 말에 동의하십시오. 부부가 함께 기도로써 하나님께서 여러분에게 상대방에 대한 이해심을 주시도록 구하십시오. 마음이 겸손하면 우리는 하나님으로부터 풍성한 은혜를 받을 것이며 사탄은 영적 싸움에서 무장 해제를 당할 것입니다.

기억하십시오. 사탄은 우리의 덕스러운 것들을 두려워합니다. 그는 겸손 앞에 기겁을 합니다. 겸손이 하나님께 영혼을 바쳐 드리는 것이기 때문에 그는 겸손을 미워합니다. 사탄은 또 예수 그리스도 앞에서 기겁을 합니다.

Chapter 03

원수의 요새들을 파함

The Three Battlegrounds

사람들이 "구원"이라고 말하는 것은 다만 하나님께서 우리의 삶에 두신 계획의 첫 단계일 뿐이며, 하나님의 계획은 우리의 성품과 능력에 있어서 예수 그리스도의 형상을 닮도록 하시는 것입니다. 만약 우리가 하나님께 대한 우리의 관계를 이렇게 보지 못한다면 우리 안에 아주 많은 영역들이 변화 되지 못한 채 그대로 있게 될 것입니다. 요새들을 파한다는 것은 이와 같은 옛 사고방식을 허물어 제거하며 예수 그리스도의 참된 임재하심이 우리를 통해 나타날 수 있게 하는 것입니다.

무엇이 요새인가?

"우리가 육신으로 행하나 육체에 따라 싸우지 아니하노니 우리의 싸우는 무기는 육신에 속한 것이 아니요 오직 어떤 견고한 진도 무너뜨리는 하나님의 능력이라 모든 이론을 무너뜨리고 하나님 아는 것을 대적하여 높아진 것을 다 무너뜨리고 모든 생각을 사로잡아 그리스도에게 복종하게 하니"(고후 10:3, 4).

구출 작전에 성공하려면 먼저 적의 방어진을 제거함으로써 시작해야만 합니다. 영적 싸움에 관해 말하면서 사도 바울은 "견고한 진(strongholds)"이란 낱말을 써서 사탄과 그의 군대들이 숨어서 보호 받고 있는 영적 요새들을 뜻하는 것으로 정의했습니다. 이 요새들은 개인과 교회, 아울러 지역 사회와 국가를 지배하는 사고 방식과 이념들 가운데 존재합니다. 승리를 외치기 전에 이 요새들을 파하여 사탄의 무장을 벗겨버려야 합니다. 그런 다음에야 말씀과 성령의 강력한 병기가 효과적으로 사탄의 집을 허물 수 있습니다.

그러나 이 "견고한 진(혹은 요새)"이란 낱말의 성서적 의미는 무엇입니까? 구약에서 견고한 진은 적으로부터 보호하는 방편으로 사용되었던 요새화 된 주거지를 말합니다. 우리는 다윗이 사울 왕을 피해 광야 수풀 요새들에 숨어 있었던 것을 봅니다(삼상 23:14, 19). 이 요새들은 자연적인 구조물들로 보통 산 중턱 높은 곳에 있는 동굴들이었으며 공격하기가 매우 어려운 곳들이었습니다. 이런 장면을 마음에 그리면서 성령의 감동을 받아 성서를 기록한 이들은 "요새"란 말을 써서 강력하게 힘을 다해 지켜야하는 영의 실체들을 정의했습니다.

요새는 주님이 우리의 요새가 되시는 경우처럼(시 18:2), 우리를 마귀로부터 지켜주는 보호의 근원지일 수도 있습니다. 또는 역으로, 요새는 마귀를 위한 방어의 근원지일 수도 있어서 악에 대한 우리의 동정적인 생각들을 통해 귀신 또는 죄악의 활동이 우리 안에서 실제로 방어 되는 곳일 수도 있습니다. 우리가 먼저 파하려는 요새는 옛 자아의 삶을 감싸고 지키려는 그릇된 사세들입니다. 이들은 아주 종종 한 개인의 삶 속에 귀신으로부터 짓눌리는 "요새화된 거처"가 됩니다.

사도 바울은 요새의 하나를 "모든 이론, 하나님 아는 것을 대적하여 높아진 것"(고후 10:5)이라고 정의합니다. 마귀의 요새는 하나님을 아는 것 위에다가 스스로를 높이고 이로써 마귀에게 개인의 의식 생활 가운데 영향력을 행사할 수 있는 거점을 확보하게 하는 온갖 형태의 생각입니다.

대부분의 경우, 우리는 "악령에 사로잡힌 것"에 대해 말하는 것이 아닙니다. 저자는 그리스도인이 귀신에 붙잡힐 수 있다고 믿지 않습니다. 왜냐하면 사로잡힌다는 것은 소유권에 관한 문제이기 때문입니다. 어떤 사람이 그리스도께 자신의 삶을 드렸다면 그는 실제로 그리스도에 의해 사신바된 하나님의 아들의 소유가 된 것입니다.

그러나 그리스도인이 귀신들에게 눌림을 당할 수는 있습니다. 이 귀신들은 거듭나지 못한 사고의 체계를 점령할 수 있으며 특별히 그런 체계를 이루고 있는 생각들이 자기기만과 거짓된 교리들로 방어된다면 더욱 그렇습니다. "나는 그리스도인이므로 내게는 귀신이 있을 수 없다"는 생각은 전혀 사실이 아닙니다. 귀신이 영원토록 소유한다는 의미로서는 여러분을 붙잡을 수 없지만 만약 여러분이 악에 대한 동정적인 생각들을 회개하지 않는다면 여러분에게도 귀신이 있을 수 있습니다. 하나님께 대한 여러분의 반역이 여러분의 삶 속에 마귀의 처소를 마련하는 것입니다.

많은 그리스도인들이 여러 모양의 두려움에 시달리고 있습니다. 그들은 상담을 받고 또 기도를 받아보지만 별 소용이 없습니다. 그들에게는 기도보다 더한 것이 필요했습니다. 그들이 필요했던 것은 원수로부터의 해방이었습니다. 그러나 두려움의 영과 대적하여 그를 묶고, 두려움의 요새를 파할 때까지 아마도 해방은 그들에게 오지 않을 것입니다.

많은 신자들은 그들에게 성령이 계시므로 유혹에 속을 수가 없다고 배워왔습니다. 이 역시 사실이 아닙니다. 진리의 영을 보내신 이유 중의 하나는 우리가 쉽사리 자기 기만에 빠지기 때문입니다. 실상 그리스도인은 유혹에 속을 수 없다는 바로 그 생각 자체가 속임수입니다. 바로 이 거짓말이 일단 신자의 마음에 번지면 그의 생각과 의견은 돌처럼 굳어져서 그가 영적으로 어떤 미숙한 상태에 있든지 그대로 변할 줄을 모릅니다. 온갖 종류의 악령들은 그 사람의 생각과 교리의 방어로 자기들이 보호받는 것을 알기에 마음 놓고 그 영혼을 공격할 것입니다!

종교적인 자기 기만의 세력을 부수는 일은 아주 어려운 일입니다. 왜냐하면 "믿음"의 본질 자체가 의심의 여지를 주지 않는 것이기 때문입니다. 일단 유혹에 속아 있는 사람은 그 자신이 속은 것을 인정하지 않습니다. 왜냐하면 그가 이미 속임수에 빠져 있기 때문입니다. 우리는 우리가 안다고 생각하는 모든 것에 대해 "우리가 틀릴 수도 있다"는 것을 또한 알고 있어야 합니다. 우리가 이 진리를 받아들이기를 거절한다면 도대체 어떻게 우리가 우리의 잘못을 고침받을 수 있습니까?

우리의 마음과 생각 속에서 예수 그리스도께 드려지지 않는 영역은 모두 사탄의 공격을 받기 쉬운 곳입니다. 그래서 유독 그리스도인의 마음에서 십자가에 못박지 않은 의식 생활이 차지하는 영역, 바로 그곳에 있는 사탄의 요새를 파하는 것은 극히 중요합니다. 이 때문에, 참으로 원수로부터의 해방을 가능하게 하려면 우리는 먼저 성경이 말씀하시는 바 "겸손한 마음"을 가져야만 합니다. 우리 안에 하나님을 거역하는 것을 발견할 때 우리는 자신을 변호하거나 변명해서는 안 됩니다. 오히려 우리는 우리의 심령을 낮추고 회개하면서 하나님을 믿는 믿음으로 하나님께서 우리를 변화시키시도록 해야 합니다.

아시는 바와 같이 사탄은 죄를 먹고 삽니다. 그리스도인의 삶 가운데 어디든지 죄의 버릇이 있는 곳이면 그 곳에서 귀신의 활동을 보게 될 것을 예상해야 합니다. 죄의 버릇은 종종 그리스도인에게서 힘과 기쁨을 빼앗아가는 사탄의 거처가 되는데 바로 그 거처(habitation 혹은 habit)가 요새입니다.

악한 영들이 그리스도인의 삶 가운데 마음가짐이라는 영역을 드나들며 이를 점령할 수 있다는 생각에 동의하지 않으실지 모릅니다. 그러나 여러분은 우리들 각자가 육적인 마음을(마음으로 번역된 영어의 낱말에는 "mind"와 "heart" 두 가지가 있습니다. 저자는 "mind"를 인간 사고의 영역으로 "heart"와 구별합니다. 이 구분이 문맥상 확실치 않을 경우, 역자는 "mind"를 생각으로, "heart"를 심령으로 옮겼습니다-역자 주) 갖고 있으며 이것이 막연한 공상과 자기를 하나님보다 더 높이려는 생각들(고후 10:35)의 근원이 되고 있다는 데에는 분명히 동의하지 않을 수 없을 것입니다. 우리는 우리의 육적인 사고의 체계, 곧 원수를 보호하는 요새를 처리함으로써 사탄을 처리하는 것입니다.

그리스도의 마음에는 요새, 그릇된 마음가짐, 그릇된 사고의 과정들이 없었습니다. 예수님은 그의 죽으심을 바로 앞두고 다음과 같이 말씀하셨습니다. "이 세상 임금이 오겠음이라 그러나 그는 내게 관계할 것이 없으니(내 안에 아무 것도 가진 것이 없으니-흠정역)"(요 14:30 하반절). 사탄은 예수 안에서 아무 것도 가진 것이 없습니다. 우리 역시 사탄이 우리 속에 아무런 비밀 지역, 사탄이 단추만 누르면 악을 향해 우리 영혼의 문을 열게 하는 "유혹의 신호기"가 없다고 말할 수 있기를 원합니다. 우리 마음의 요새가 무너지면, 비록 우리가 여전히 이따금씩 죄에 빠진다고 해도, 우리는 큰 승리 가운데 행할 것입니다. 또 우리는 아울러서 다른 이들을 도와 원수로부터 해방되도록 하는 데 쓰임 받게 될 것입니다.

원수로부터의 해방에 앞서 회개가 있어야 한다

요새를 파하는 것은 회개로부터 시작합니다. 예수께서 제자들을 내보내실 때 "제자들이 나가서 회개하라 전파하고 많은 귀신을 쫓아내며 많은 병인에게 기름을 발라 고치더라"고 했습니다(막 6:12, 13). 회복의 순서를 잘 보십시오. '회개하라' 외친 후에, 귀신들을 쫓아내고, 기름을 발라 깨끗케 한 후에 치유하셨습니다. 해방에 앞서 회개가 있어야 하며 이런 해방은 종종 다른 영역의 치유도 가져온다는 것입니다.

여러분이 그리스도인이 되었다면 신자 생활의 기간이 얼마이었든지 간에 여러분은 이미 여러분의 삶 속의 요새들을 허물게 한 것입니다. 요새들이 허물어진 것은 여러분이 회개하고 예수님께 왔을 때였습니다. 원수로부터의 해방은 종종 본인이 이를 원할 때 이처럼 아주 간단한 일이 됩니다. 그럴지라도 어느 정도의 회개가 없이는 해방은 거의 불가능합니다. 왜냐하면, 귀신에게 떠나라고 명령한다 해도 만약 그 사람의 사고 방식이 변하지 않는다면 그의 죄에 대한 그릇된 마음가짐이 그 귀신을 도로 불러들일 것이기 때문입니다.

그리스도의 사역 중 한 면은 "여러 사람의 마음의 생각을 드러내는 것"입니다(눅 2:35). 여러분이 참으로 예수님과 함께 행한다면 여러분의 생각하는 과정이 많은 면에서 드러나게 될 것입니다. 하나님의 은혜와 권능이 임하여 여러분이 회개하고 하나님께서 여러분의 삶에 주님의 덕을 허락하시리라는 것을 믿게 하실 것입니다. 여러분은 요새들이 무너지고 승리가 임하는 것을 볼 것입니다. 그러나 제가 경고하는 것은 바로 악으로 찬 세상뿐 아니라 여러분의 육체가 하나님이 여러분에게 요구하시는 것을 극소화하거나 무시하도록 여러분에게 압력을 가하리라는 것입니다. 여러분은 여러분의 진짜 문제들은 깊숙이 잘 숨겨 놓은 채 그저 겉으로 드러난 죄, 또는 어떤 사소한 잘못이나 내어 놓으라는 유혹을 받게 될 것입니다. 우리가 우리의 죄를 비밀로 하는 데 소모되는 에너지가 실제로 요새를 짓는 "재료들"이 됨을 깨달읍시다. 여러분이 싸우고 있는 귀신은 여러분의 삶에 드나들 수 있는 통로를 지키기 위해 여러분의 생각을 이용하고 있습니다.

이렇게 기도합시다

하늘에 계신 아버지, 저의 삶 가운데 나의 주 예수 그리스도께 온전히 드리지 못한 영역들이 있습니다(소리를 내어 버릇이 되어 있는 죄목을 말하십시오). 주여, 제가 타협해 온 것을 용서하소서. 제가 또 주님께 구하옵기는 제게 용기를 주셔서 제 심령에 거리끼거나 고의적으로 자기를 속이는 것 없이 요새들을 파하러 나설 수 있게 하옵소서.

제 속에서 타협과 죄의 세력을 키우고 있는 사탄의 영향력을 제가 성령의 능력과 예수의 이름으로 묶습니다. 제가 제 속에 자리잡은 죄의 요새들이 밝히 드러나도록 진리의 영의 빛 앞에 제 자신을 드립니다.

성령과 말씀의 강력한 무기를 가지고 선포합니다. 제 삶 속의 요새들이 하나씩 무너져 내리고 있습니다. 제가 하나님의 은혜로 제 속에 단 하나의 요새를 갖기로 결심합니다. 바로 그리스도의 임재의 요새를 말입니다.

주님, 제 모든 죄를 용서하시고 저를 씻기시니 감사합니다. 이제 하나님의 은혜로, 제가 오늘 허물어진 요새의 잔해마저 제 마음에서 몰아내기까지 이 문제를 놓고 계속 싸울 것을 서원합니다. 하나님 아버지, 감사합니다. 예수님의 이름으로 기도합니다. 아멘.

Chapter 04

생각으로 지어진 집

The Three Battlegrounds

나라들과 지역사회들을 지배하는 사탄의 요새들이 있는가 하면 또 교회와 개인에게 영향력을 행사하는 요새들이 있습니다. 요새들은 그것이 어디서 무엇을 하든지간에 사탄에 의해 유도된 사고방식입니다. 구체적으로 말해서 요새는 사탄의 활동 거점이 되어온 "생각들로 지어진 집"입니다.

원수로부터의 해방에 앞선 경고!

더러운 귀신이 사람에게서 나갔을 때에 물 없는 곳으로 다니며 쉬기를 구하되 쉴 곳을 얻지 못하고 이에 이르되 '내가 나온 내 집으로 돌아가리라'(마 12:43-44상).

더러운 귀신의 본질이 영적이며 물질적인 존재가 아니라 할지라도, 귀신은 여전히 "쉴"만한 "집", 거할 곳을 찾습니다. 예수께서는 인간 본성에 실제로 악한 귀신들을 받아들여 쉴 공간을 주는 영역이 있음을 밝히셨습니다. 그렇다면, 인간의 본성을 드러내 밝히고 우리 속에서 귀신이 거할 곳을 짓는 "건축 재료"가 될 바로 그런 영역을 활짝 벗겨 봅시다.

첫째로 귀신은 참 그리스도인의 "영" 안에 거할 수 없음을 깨달읍시다. 거듭남을 통해서 인간의 영은 성령이 거하시는 집이 되었습니다. 실로 원수가 우리 속으로 들어오는 통로를 분별할 수 있게 되는 것은 바로 성령께서 우리 안에 계시기 때문입니다.

기질면에서 사탄의 영역과 흡사한 인간의 혼적 부분은 육적 본성입니다. 유독 십자가에 못 박지 못한 우리의 생각들과 성결하게 되지 않은 우리의 마음가짐이야말로, 더러운 귀신들이 스스로 우리의 생각인양 가장하고 우리의 마음가짐 속에 숨어서 우리 가운데 드나들 통로를 찾아내는 곳입니다.

예수님은 계속 말씀하셨습니다. "와 보니 그 집이 비고 청소되고 수리되었거늘 이에 가서 저보다 더 악한 귀신 일곱을 데리고 들어가서 거하니 그 사람의 나중 형편이 전보다 더욱 심하게 되느니라"(마 12:44, 45).

영적 전투에서 승리하려면, 여러분은 적으로부터 해방되는 것, 그 이상을 추구해야 합니다. 그리스도의 형상을 닮기 위해 노력해야 합니다. 해방된 후에 열매를 맺기 위해서는 그리스도의 품성이 해방된 혼 안에 동화되어야 합니다. 그렇지 않으면 "그 사람"의 나중 형편이 "전보다 더욱 심하게" 될 위험에 처할 수 있습니다(마 12:45, 벧후 2:20). 우리는 사탄이 거했던 바로 그 자리에 그리스도의 의로움이 자리 잡을 수 있게 해야 합니다. 육신적인 질병의 경우를 제외하고, 우리는 예수 그리스도께 자

chapter 04 생각으로 지어진 집…39

신의 의식 생활을 복종하여 드리려 하지 않는 사람을 위해서는 귀신을 몰아내 원수로부터 해방시키려는 시도를 해서는 안 됩니다.

사탄의 무장을 빼앗음

> 강한 자가 무장을 하고 자기 집을 지킬 때에는 그 소유가 안전하되 더 강한 자가 와서 그를 굴복시킬 때에는 그가 믿던 무장을 빼앗고 그의 재물을 나누느니라(눅 11:21, 22).

우리가 구원 받기 전 여러분과 저는 마귀의 "평온한 소유물"이었습니다. 사탄은 완전 무장을 하고 우리 영혼의 집을 지키는 "강한 자"였다고 할 수 있습니다. 그러나 우리가 구원 받던 날, 영광스러운 "더 강한 자", 바로 주 예수 그리스도께서 사탄을 공격하여 이기시고 그의 무장을 빼앗아 버리셨습니다. 우리들의 거듭남의 체험들은 육신적인 수준에서 보면 여러 모로 다를 수 있지만, 영계에서 일어난 전쟁은 모두가 아주 비슷하며, 이를 통해 우리 각자에게 승리가 안겨졌던 것입니다. 만일 우리가 보이지 않는 세계를 볼 수 있었다면 우리는 성령께서 하나님의 천사들과 함께 원수의 방어 제일선이라고 할 그의 "무장"을 부수시려고 역사하시는 것을 자세히 볼 수 있었을 것입니다. 사탄을 보호하고 우리의 구원을 막던 이 "무장"이란 바로 무엇입니까? 귀신들이 의지하는 "무장"은 악에 동의하는 우리 자신의 "생각, 마음가짐, 의견들"입니다.

예수님이 "무장"이라고 표현하신 것을 사도 바울은 "요새들"로 분류

했습니다(고후 10:1-4). 우리가 알아야 할 중요한 사실은 요새에 관해서 말할 때 사도 바울이 말한 대상은 바로 교회였다는 점입니다! 우리가 구원을 체험했으므로 모든 잘못된 생각들과 마음가짐들, 즉 여전히 우리의 인식과 행동에 영향력을 행사하는 요새들이 없어졌다고 생각하는 것은 어리석은 일입니다. 그렇습니다. 이전 것은 지나가고 참으로 새 것이 왔습니다. 그러나 우리가 그리스도로 충만한 가운데 행할 때까지 우리는 변화의 과정이 끝났다고 생각해서는 안됩니다.

우리는 이 장의 뒷부분에서 이들 요새 가운데 몇몇의 정체를 밝힐 것입니다. 지금으로서는 개인적인 선에서 우리 모두 다음과 같이 말합시다. 영적 싸움에서 계속 승리하도록 기초를 닦는 길은 주님이 이 요새들을 드러내실 때 주님께 두 손 들고 나와 주님께서 우리의 회개를 통해 이들을 파하는 것에 동의하는 것이라고 말입니다.

우리가 알아야 할 중요한 것은, 우리가 요새라고 할 때 어쩌다 문득 들어오는 생각들이나 이따금씩 짓는 죄를 말하고 있는 것이 아니라는 것입니다. 오히려 우리에게 가장 큰 영향력을 행사하는 요새들은 우리의 사고방식 속 깊이 숨어 있어서 우리가 이들을 알아차릴 수 없거나 악이라고 보지도 않는 것들입니다. 이 장의 첫 머리에 예수께서 귀신들이 "쉬기"를 구하고 있다고 밝히신 것을 기억하십시오. 그들의 주변과 화합하는 데서 그들은 쉼터를 찾아냅니다. 다른 말로 하면, 우리의 의식 생활이 불신앙, 두려움이나 습관적인 죄에 동의할 때 원수는 쉼을 얻습니다.

원수로부터의 해방을 이루는 과정에서 흔히 얼마 동안 내적 갈등과 혼란을 거친다는 것은 중요한 사실입니다. 이는 좋은 징조로서 당사자의 의지가 자유를 갈망하고 있다는 신호입니다. 우리는 마귀를 "대적"할 때 그리스도 안에서 우리의 권세를 행사하지 않으면 안되는 때가 올 것을 기대해야 합니다(벧전 5:9 상반절). 바울은 정사와 권세에 맞서서 교회가 해야 할 "씨름"에 관하여 말합니다(엡 6:12). 요새를 파하는 과정에는 싸워야 할 때가 있습니다. 왜냐하면 여러분은 원수와 맺은 합의를 파하려 하고 원수는 여러분의 삶 속에 남아 있기 위하여 싸울 것이기 때문입니다.

모든 생각을 그리스도에게 사로잡아 옴

우리가 그리스도인이란 것으로 안심할지 모르나 그리스도인이란 것이 우리를 온전케 하지는 않습니다. 우리 안에는 요새들이 여전히 많이 있습니다. 그러므로 이런 영적 요새들 가운데 몇몇의 정체를 드러내 봅시다. 거의 모든 그리스도인들이 다음의 요새들 중 적어도 어느 하나에는 걸려서 한계에 달하게 됩니다. 즉 불신앙, 사랑에 냉담함, 두려움, 교만, 용서하지 않음, 정욕, 욕심과 같은 것들과 아울러 있을 수 있는 다른 많은 것들이 있습니다.

우리는 우리 자신을 변명하기에 빠르기 때문에 우리의 삶 속에서 눌림을 받는 곳을 분별하는 일이 어렵습니다. 결국 이것은 우리의 생각, 우리의 마음가짐, 우리의 인식들입니다. 우리는 우리 자신을 정당화하고 변호하는 것처럼 우리의 생각을 정당화하고 변호합니다. 기록된 바와 같이

"대저 그 마음의 생각이 어떠하면 그 위인도 그러합니다"(잠 23:7 상반절). 다른 말로 하면, 우리 존재의 핵심이 우리의 의식 생활 속에 있습니다. 그러므로 원수로부터의 어떤 해방이라도 참으로 쟁취하려면 우리는 먼저 우리의 부족을 정직하게 깨닫고 이를 고백해야만 합니다. 우리는 모든 것이 "괜찮다"는 가식을 집어 치워야만 합니다. 우리는 자신을 겸손히 낮추고 도움을 구해야만 합니다. 실로, 이미 말했듯이, 하나님께서 파하시지 않으면 안될 첫 요새는 교만입니다. 왜냐하면 원수로부터의 해방이 필요함을 인정하려 하지 않는 사람은 요새로부터 자유롭게 될 수 없기 때문입니다.

우리 속의 잘못을 깨달으려면 우리는 하나님이 옳다고 하시는 기준을 알아야만 합니다. 환희의 절정에 오른 다윗이나 고통의 심연 속에 빠졌던 욥, 아울러 두 사람의 중간쯤에 있는 우리 모두가 드리는 해묵은 질문은 "사람이란 무엇입니까?"입니다. 히브리서 기자도 같은 질문을 하지만 그는 바로 성령의 감동 하에 그에 대한 해답을 줍니다. "오직 우리가 예수를 보니"(히 2:9). 아버지의 시각으로 볼 때에, 인간 정체성의 신비가 예수 그리스도의 삶 속에서 풀렸습니다. 그리스도는 "형제들 중의 맏아들"이십니다(롬 8:29). 그분은 인류를 위한 아버지의 계획입니다. 인류의 신비는 예수 그리스도를 바라봄으로써 풀립니다. 그는 우리의 구주이실 뿐만 아니라 영광의 지녀들로 된 가족의 맏아들 되신 자신의 형상을 우리에게 본받게 하기 위해 우리 속에 거하시는 분이시기도 합니다(히 2:10, 롬 8:28-29).

오직 예수님만이 예수님과 같을 수 있다는 것을 또한 깨달읍시다. 우리가 점점 더 자신을 드려 주님께 복종할 때, 또 우리가 주님 안에 거하고 주님의 말씀이 우리 안에 거할 때, 주께서 우리에게 생명의 열매를 맺게 하시는데 이 생명은 단순히 주님 자신을 "닮은 것"이 아니라 바로 "주님 자신의 삶"입니다! 우리 속에 거하시는 그리스도 자신이 사람을 주님의 형상으로 만드시려는 하나님의 영원하신 뜻을 이루십니다. 바로 주 예수의 임재가 이와 같이 우리 속에 임할 때 우리가 싸우는 병기는 강력이 되며 우리가 요새를 파할 때 발하는 우리의 말은 권세 있는 능력을 덧입게 됩니다.

그러므로 여러분은 예수님의 가르침을 본받지 못하는 모든 생각들과 마음가짐을 객관적으로 보는 것을 배워야만 합니다. 그런 생각들을 사로잡고, 그릇된 마음가짐은 십자가에 못 박아야만 합니다. 우리는 우리 안에 주님이 오실 길을 내야만 합니다. 우리는 "주님의 다스리심의 증가"가 퍼져 나가도록 하여 마침내 우리가 주님의 영과 온전히 하나되어 우리가 주님 안에서만 믿는 것이 아니라 주님처럼 믿게 되며 주님의 사랑, 생각과 소원들이 우리 속에서 흘러 나가게 되어야만 합니다.

결과적으로, 우리가 사탄의 요새의 정체를 밝히려 할 때 없애버려야 할 두 번째 요새는 불신앙의 요새입니다. 바로 이 불신앙의 사고 방식이 우리에게 그리스도를 닮기란 불가능하다고 말하며 그 이상의 영적성장을 가로막습니다. 이 같은 거짓과 우리 심령을 묶어 놓은 사슬을 우리의 삶에서 벗어버려야만 합니다.

따라서 이 순간 시간을 내어 여러분의 영으로 기도하기 시작하십시오. 성령께서 일어나 여러분의 심령에 폭포수처럼 성령을 부어 충만케 하시도록 하십시오. 만약 여러분이 결코 그리스도를 닮을 수 없다고 하는 불신앙의 요새로 고통을 당한다면, 그 요새를 바로 지금 허물기 시작할 수 있습니다. 기도합시다!

주 예수님, 제가 주님께 복종합니다. 하나님의 말씀에 따라서, 제가 선언합니다. 모든 것을 주님 자신께 복종케 하시는 주님의 능력 때문에 제가 싸우는 병기는 요새들을 파하는 강력이 됩니다(고후 10:3-4). "나는 결코 예수를 닮을 수 없다"고 하는 거짓을 구실로 하여 제가 죄를 짓고 또 죄에 대한 책망을 적당히 타협해 버린 것을 회개합니다. 예수님의 이름으로, 저의 허물지고 죄악된 옛 사람의 본성을 버리며 하나님의 은혜와 주님의 영의 능력으로써 제 마음에 존재하는 불신앙의 요새를 파합니다. 예수 그리스도의 완전하신 희생 때문에 저는 새 피조물이 되었습니다. 또 제가 하나님과 동행하면서 계속 그리스도의 형상으로 화하여 영광에서 영광에 이를 것을 믿습니다.

실패의 요새를 파하라!

여러분의 삶 가운데 있을만한 다른 요새들을 살펴봅시다. 그들의 기원과 또한 보다 중요한 것으로써 어떻게 그들을 파할 수 있는가를 알아봅시다. 첫째로 요새는 생각으로 지어진 집임을 기억하십시오. 그러므로 이 같은 싸움에 관하여 바울은 설명하기를, 우리 승리의 기초가 "모든 생각을 사로잡아 그리스도에게 복종하게" 하는 데 달려 있다고 했습니다(고후 10:5). 우리의 목표는 우리의 영혼을 활짝 열어 그리스도의 영을 받아들이는 것이므로 우리는 우리의 생각을 사로잡아 그것을 그리스도에게 속한 것으로 만들어야만 합니다.

실패의 요새를 다루기 위해서, 우리는 회개를 우리의 일상 생활방식으로 삼아야만 하겠습니다. 또 마음에 둘 것은 회개가 "변화"를 뜻하는 것이지, 단순히 뉘우치는 것이 아니라는 점입니다. 우리의 생각하는 것이 변해야만 합니다. 그릇된 생각의 무리들이 우리의 마음 밭을 배회하며 불신앙과 실패의 풀과 짚을 있는대로 심고 있습니다. "나는 늘 실패하기 마련일 걸", "나는 다만 죄인인데", 또는 "성령 안에서 행하려고 애써 봤지만 소용이 없었거든" 따위의 생각들이 한데 모여 벽, 마루 또 천정을 이루어 실패의 요새를 짓는 "건축 재료"가 됩니다. 승리를 확보하기 위해서 여러분은 이 같은 그릇된 생각을 사로잡지 않으면 안 됩니다.

"나는 실패자!"라는 생각을 바로 잡으십시오. 이를 회개하고 하나님께 불신앙을 회개하십시오. 하나님의 말씀으로 마음을 새롭게 하여 "내게 능력 주시는 그리스도 안에서 내가 모든 것을 할 수 있다"(빌 4:13)고 말할 수 있도록 하십시오. 비록 실패를 경험했고 아마도 장차 다시 실패하게 될 것이라 할지라도 이제 하나님이 여러분의 삶 가운데 계시므로 여러분은 담대하게 선언할 수 있습니다. "비록 나는 실패자이나 나의 만족은 하나님께로부터 왔고 내게서가 아니다. 나는 내게 능력주시는 분, 곧 그리스도를 통하여 모든 것을 할 수 있는 충분한 능력이 있다."

"나는 죄인일 뿐이다!"라는 생각을 바로 잡으십시오. 다음과 같은 믿음의 고백으로 대신하여 말하십시오. "나는 죄인이었으나 이제 나는 하나님의 사랑 받는 자녀가 되었다. 또 비록 내가 여전히 때때로 죄를 짓지만 그리스도의 피가 모든 불의에서 나를 깨끗케 하신다"(요일 1:7-9). 보혈 때문에 그리스도의 희생은 우리 각자를 주님 자신처럼 정결하게 만듭니다(요일 3:3). 여러분은 한 때 여러분을 억누르던 실패의 요새를 허물어뜨리며 그 자리에 하나님의 말씀을 기초로 하나님께로 난 믿음의 요새를 세우기 시작하고 있습니다. 옛 요새가 밝히 드러나고 패배주의의 사고방식이 무너져 내리면서 여러분은 여러분의 삶 속에 있는 실패의 요새를 파괴하고 있는 것입니다. 하나님의 말씀으로 여러분의 심령이 계속 새롭게 되면서 여러분은 엄청난 능력과 평화로 행하기 시작할 것입니다. 여러분은 하나님으로부터 난 믿음의 요새로 들어갈 것입니다.

여러분의 구원의 목표와 목적은 그리스도의 형상을 본받는 것임을, 여러분의 마음가짐에 확립되게 하십시오. "하나님이 미리 아신 자들을 또한 그 아들의 형상을 본받게 하기 위하여 미리 정하셨으니 이는 그로 많은 형제 중에서 맏아들이 되게 하려 하심이니라"(롬 8:29)고 기록되어 있지 않습니까? 마귀를 정복하시고 여러분의 심령을 구원으로 자유케 하신 바로 그 주님께서 여전히 여러분의 마음이 새롭게 되도록 역사하고 계십니다. 주님이 우리의 약속의 땅이 되심이 사실이나 우리가 주님의 약속의 땅 되는 것 또한 사실입니다! 우리 심령 속에 있는 거인들 또는 장대한 자들이 비록 우리를 대적하고 우리를 여지없이 패배하게 만들었어도 그들은 주님의 적수가 되지 못합니다! 주님은 영원한 군대의 주이시며 패배를 모르시는 거룩하신 분이십니다!

우리의 구원은 새로운 모습으로의 계속적인 변형이며 "영광에서 영광으로"(고후 3:18) 이르며 그리스도의 형상으로 변화하는 것임을 깨닫는 한, 우리는 우리가 발견하는 실패의 요새들로 인하여 낙심해도 안 되며, 또 이따금 일시적으로 맛보는 좌절로 우리를 무력하게 만들어서도 안 됩니다. 우리의 부족함을 볼 때 우리는 또 하나의 거인 또는 장대한 자가 제거되는 것이 다만 시간문제임을 알고 기뻐하게 됩니다!

두려움의 요새를 파하라!

사람들을 억누르는 또 하나의 요새는 두려움입니다. 여러분은 경험상으로 어떤 새로운 일을 시도할 경우 사람들 앞에서 창피와 무시를 당할지도 모른다는 것을 알고 있습니다. 이에 대한 일련의 반응을 마음에 떠올립니다. 그래서 앞에 나서야 할 때 뒤에 앉아 수수방관합니다. 말해야 할 때에 잠잠합니다. 이처럼 두려워서 잠잠함으로 자기 자신 속으로 움츠러 들어가는 것이 바로 생각으로 짓는 집이 되고 거기에 두려움의 영이 거하게 되는 것입니다.

하나님께서는 여러분이 속박 가운데 있는 것을 원치 않으십니다. 하나님은 우리에게 "두려움의 영"이 아니라, 사랑과 능력과 근신하는 영을 주셨습니다(딤후 1:7). 그러므로 이 사탄이 요새를 이루어 놓은 생각들과 경험을 살펴봅시다. 아마도 여러분은 어린아이였을 때, 무언가 새로운 것을 시도했다가 가족들이나 친구들로부터 조롱을 받은 적이 있을 것입니다. 그들의 생각 없는 말들이 여러분에게 아주 깊이 상처를 주어 본의 아니게 "뒷걸음친" 또는 "움츠러든" 위치에 머물러 있게 되었습니다. 그 이후, 여러분은 사람들의 비판을 받기 쉬운 입장에 처하기를 거부해 오고 있습니다. 여러분은 아마 그 사건들을 기억하지 못할 수도 있습니다. 그러나 여러분은 오늘까지도 뒷걸음치는 것을 멈추지 않고 있습니다.

예수께서 말씀하시기를, 우리가 다른 이들을 용서할 때 아버지께서 우리를 용서하신다고 하신 것을 기억하십시오. 부당하게 보일지 모르나 여러분에게 상처를 준 사건에 대한 여러분의 반응은 여러분에게 상처를 입힌 행동과 마찬가지로 하나님의 뜻에서 멀어져 있습니다. 사실, 여러분의 반응은 실제로 여러분의 성품의 한 부분이 되어왔습니다. 여러분에게 상처를 준 사람들을 용서하여 줌으로써 여러분은 마음의 억눌림으로부터 해방될 수 있습니다. 여러분이 참으로 그 일을 지나간 일로 끝내고 상처준 사람을 용서해주는 정도에 따라, 똑같은 정도로 하나님께서도 여러분의 마음을 회복시키셔서 사람들을 대하는 여러분들의 태도가 침착하고 강건하도록 하실 것입니다. 이같이 용서하는 과정이 더해 가면서 사랑이 자라나게 되고 또 성경 말씀대로 "사랑 안에 두려움이 없고 사랑이 두려움을 내쫓게 됩니다"(요일 4:18). 두려움의 요새가 있던 곳에 사랑의 요새가 들어설 것입니다.

이제 두려움의 요새에 대항하여 다음과 같이 기도합시다.

송축 받기에 합당하신 주님, 당신은 나의 구원자이시며 왕이십니다. 사람이 나에게 무엇을 할 수 있겠습니까? 불신과 두려움과 불안정한 마음을 가진 것에 대해 회개합니다. 과거에 나에게 상처를 준 자들을 용서합니다. 그리고 당신의 사랑으로 지어진 요새 안으로 들어갑니다. 두려움의 영에게 선포하노라. 이제 내 안에는 네가 들어설 자리가 없다. 예수님 이름으로 기도합니다. 아멘.

항상 기억하십시오. "승리는 우리의 입으로 고백하는 예수의 이름에서 시작됩니다. 그러나 그 완성은 우리의 심령 속에 있는 그리스도의 성품에 의하여 이루어진다"는 것입니다. 여러분의 "집이 비고 청소되고 수리되도록 하는 것"(마 12:44)만으로는 충분하지 않습니다. 여러분의 의식생활이 그리스도의 성품으로 구속되어야 합니다. 그러나 여러분 자신이 그리스도께 무릎 꿇기를 꾸준히 계속해 나가는 동안 주님이 여러분의 마음으로부터 사탄의 무장을 빼앗아 가실 것입니다. 주님께서 여러분이 무엇을 허물어야 하는 지를 보여 주실 것입니다. 여러분의 싸우는 병기가 요새를 파하는 강력이 되어 있음을 보게 될 것입니다!

Chapter 05

원수의 요새들의 세 가지 원천

The Three Battlegrounds

만약 여러분의 삶 가운데 숨어 있는 요새들의 정체를 밝히려면, 여러분의 마음가짐을 조사해 보기만 하면 됩니다. 여러분의 생각 속에 하나님을 바라는 소망으로 반짝이는 모든 영역들은 그리스도께서 자유케 하실 영역이 됩니다. 그러나 소망을 갖고 있지 않은 사고의 방식은 그것이 어떤 것이든지 파해버려야 할 요새입니다.

요새들의 첫 번째 원천 : 세상

일반적으로 말해서 요새들은 세 가지 원천에서 유래합니다. 첫째는 우리가 태어난 바로 이 세상입니다. 어렸을 때 끊임없이 접해 온 일련의 정보 자료와 경험이 계속해서 우리의 아동기 지각 능력을 형성했고 이 것이 우리 안에 있는 요새의 가장 큰 원천이 되고 있습니다. 가정에서의 사랑의 정도(또는 사랑의 부족), 우리의 문화 환경, 같은 또래들이 갖는 가치관과 그것들을 따르지 않을 수 없게 하는 심리적 압박감, 아울러서 사람 앞에 나서기와 무시당할 것에 대한 두려움—심지어 우리 몸의 생김새와 지능—이 모두가 합하여서 우리의 주체의식과 우리의 인생관을 형성합니다.

불안으로 꾸며진 우리의 혼은 다른 이들로부터 오는 비난과 칭찬에 고도로 민감합니다. 자기 자신을 찾으려는 과정에서 그 같은 말들은 녹아있는 강철과도 같이 달아 있는 젊은 심령 속에 부어지고 그 열이 식으며 우리의 성품 속으로 들어와 자리를 잡습니다. 오늘날 단순히 어렸을 때 교사나 부모가 생각 없이 한 부정적인 꾸지람을 그대로 받아들여 형성된 자아상 때문에, 자기들이 정신적으로 뒤쳐진다고 믿는 성인들은 얼마나 될까요?

이 같은 관념들과 제한들이 어렸을 때부터 우리 안에 체계를 이루고 다른 사람들의 말과 생각들을 통해 우리의 사고방식이 만들어집니다. 실로 우리 자신의 삶에 대한 많은 의견들은 다만 우리가 달리 생각할 수 있는 길을 알지 못하기 때문에 갖게 된 것입니다. 그럼에도 불구하고 우리는 우리에 대한 다른 사람들의 생각을 마치 우리 자신의 것처럼 변호하고 지키며 우리의 생각을 정당화하려 합니다.

이 같은 예를 하나 더 들면 점성술입니다. 수많은 신자들이 자기들의 "십이궁 별자리"의 특징과 약점들에 잠재의식적으로 매여 있습니다. 자아 발견의 탐구 과정에서 보면 이처럼 거짓된 사실들과 착각들이 뒤섞여 우리의 영혼 속으로 흡수되어 들어가 거기서 오늘까지도 우리를 변화시키시는 하나님의 역사에 정면으로 대적하며 버티고 서 있습니다.

그리스도인으로서 영원한 생명에 어울리는 유일한 진리는 그리스도의 진리입니다. 우리가 이를 깨닫지 못하면, 우리는 다만 "(우리의) 선생

만큼 될 뿐"이며 결코 "(우리의) 아비가 행한 일"을 하는 것 밖에 하지 못할 것입니다(눅 6:40, 요 8:41-새번역). 우리의 "선생들"과 "아비들"은 아마도 그들이 할 수 있는 최선을 다했을 것입니다. 그러나 우리의 목표는 단순히 우리의 아비가 행한 일을 하는 것이 아니라 예수님께서 행한 일을 하는 것입니다.

그러므로 성경 말씀은 우리에게 가르치시기를, 어떤 이의 종교적 관념을 따르기 전에 그의 삶의 방식의 결과를 주의하여 보라고 하십니다(히 13:7). 물론, 주님은 사람들을 통하여 우리를 가르치고 준비시킵니다. 하지만 우리는 사람들을 따르는 자가 되는 것보다 더 큰 목표를 가져야 합니다. 우리의 목표는 예수 그리스도를 닮는 것입니다. 그렇습니다. 우리는 경건한 지도자들을 따르지만, 특별히 그리스도를 따르는 지도자들을 따릅니다(고전 11:1, 빌 3:17). 단 한 분, 주 예수 그리스도만이 자신의 부활로써 삶의 비밀을 아신다는 것을 확증하신 분이심이 명백합니다. 죽음을 정복하심으로써 주님은 삶을 깊이 이해하시는 것을 드러내셨습니다.

우리가 주님 앞에 나아가게 되면, 우리의 인격이나 성품과 같이 모든 것들이 변하게 되어있습니다. 성경은 우리에게 말씀하시기를 하나님이 우리에게 새 마음, 새 생각, 새 영, 새 성품 또 궁극적으로 새 이름마저 주셨다고 합니다!(겔 36:26, 히 8:10, 고전 2:16, 고후 5:16-17, 계 2:17)

여러분이 거듭날 때 여러분은 바로 하나님의 영을 받았고 성령으로 또 하나의 세계, 곧 하늘나라의 생명책에 기록되었음을 기억하십시오. 비록 여러분의 발은 여전히 땅 위에 있지만 여러분은 성령의 수레를 타고 하나님의 보좌에 앉으신 분 예수 그리스도와 연합되었습니다. 여러분의 손발이 여러분의 몸통에 붙어 있듯이 여러분의 마음은 하나님의 능력을 사모하여 매인바 된 것입니다! 여러분은 결코 홀로 있지 않습니다! 그리스도가 항상 여러분과 함께 계십니다. 여러분은 구원 받기 전 여러분의 모습으로 되돌아가는 일은 없을 것입니다!

하나님의 약속이 여기 있습니다. "누구든지 그리스도 안에 있으면 새로운 피조물이라 이전 것은 지나갔으니 보라 새 것이 되었도다"(고후 5:17). 모든 것, 여러분의 지능과 육신의 모양마저도 이전 보다 나은 것으로 변화받게 되어 있습니다. 지난날의 실패들, 선입관과 마음가짐들은 지나갔고 새로운 믿음과 소망이 여러분 안에서 날마다 자라나야 합니다.

어떻게 우리가 이처럼 놀라운 새 출발에 이를 수 있을까요? 우리에게 능력을 베푸시도록 우리의 심령에 그리스도의 영을 받고 우리를 인도하시도록 그리스도의 말씀을 배우고, 또 예수님을 닮지 못한 부분을 우리 안에서 발견하는 대로 십자가에 못박는 것입니다.

우리의 경험들로 구성된 요새

우리 속에 요새가 만들어지는 또 하나의 수단은 우리의 경험들을 통해서입니다. 따라서 종종 잘못된 결론이 유출되기도 합니다. 우리의 경험을 통한 지식은 좋건 나쁘건 간에 우리가 현실이라고 정의하는 것의 실체입니다. 우리가 경험한 것들은 분명히 타당성이 있습니다. 하지만, 그렇다고 해서 반드시 최종적인 진리라 할 수는 없습니다. 그것들로 하나님의 말씀을 성취하지 않는 이상, 우리는 우리의 경험들을 미완성으로 보아야 합니다. 우리가 경험한 것들이 하나님에 대한 우리의 신뢰를 축소시키게 해서는 안 됩니다.

아브라함은 25년 동안 하나님께서 그에게 아들을 주실 것이라는 것을 신뢰하며 살았습니다. 그 동안 아이를 가지려 노력했지만 결과는 아무 것도 없었습니다. 사라는 임신할 수 없었습니다. 아브라함이 자기가 경험한 주관적인 것을 따라 살았다면, 우리 믿음의 아버지가 되지 못했을 것입니다. 하지만 그의 주관적인 경험에도 불구하고, 그는 하나님을 계속해서 신뢰했습니다. 다음의 말씀을 봅시다. "믿음이 없어 하나님의 약속을 의심하지 않고 믿음으로 견고하여져서 하나님께 영광을 돌리며 약속하신 그것을 또한 능히 이루실 줄을 확신하였으니"(롬 4:20-21).

아브라함의 경험은 그와 사라가 아이를 낳을 수 있는 능력이 없다는 점에서 충분히 믿음을 약화시킬 수 있는 근거가 될 수 있었습니다. 하지만 아브라함의 경험도 그의 믿음을 약화시키지 못했습니다. 오히려 그의 믿음이 견고해져서 하나님께 영광을 돌렸습니다. 이것이 믿음의 본질입니다. 자신의 경험이 하나님의 말씀과 일치될 때까지는 믿음이 경험보다 우선시되어야 합니다.

하나님으로부터 약속을 받은 모든 사람들은 그들이 기대하는 것과 정빈대의 상황들을 경험하게 될 것입니다. 어느 시점에서는 실패나 지연을 경험하면서도 여전히 하나님을 믿어야 되는 때가 있을 것입니다. 성경 말씀과 같이 "사람은 다 거짓되되 오직 하나님은 참되신 분입니다"(롬 3:4).

chapter 05 원수의 요새들의 세 가지 원천···55

우리는 우리가 경험한 것들을 소중하게 여길 수 있지만, 우리의 마음은 하나님의 말씀에 의해 다스려져야 합니다. 다른 말로 해서, 여러분이 고침을 받지 못했을지라도 "치유의 은사가 오늘날은 없다(끝났다)"는 결론을 내려서는 안 됩니다. 하나님이 베푸시는 것은 영원합니다. 이는 천지가 없어질 때까지 하나님께서 우리에게 치유를 베푸신다는 뜻입니다. 죄에 관하여 말하자면, 비록 여러분이 거듭거듭 넘어질지라도 하나님께서 은혜를 주셔서 이기도록 하실 것을 계속 믿어야만 합니다. 여러분은 새로운 통찰력을 갖고 성숙할 여지를 마련해야만 합니다. 여러분은 결단코 하나님의 말씀을 믿는 믿음을 버려서는 안 됩니다! 우리의 경험이 타당한 것처럼 보일 수도 있으나 그것이 여러분에게 복음서에 나오는 예수님과 오늘날의 그분이 동일하지 않다고 생각하게 한다면, 여러분이 이끌어낸 결론은 잘못된 것입니다. 이는 파하지 않으면 안 될 요새입니다.

잘못된 교리들의 요새

요새의 셋째 원천은 거짓된 교회의 교리들과 가르침에서 옵니다. 예수님은 "너희가 사람의 미혹을 받지 않도록 주의하라"고 경고하셨습니다(마 24:4). 다른 사람의 인도를 받을 수는 있습니다. 그러나 우리는 그 사람에게 미혹받지 않아야 할 책임이 있습니다. 우리는 우리 스스로 성경을 배우고 알아야만 합니다. 그렇지 않으면 우리가 듣는 가르침 속에 있는 잘못을 어떻게 분별할 수가 있겠습니까? 우리가 특정한 목사님을 사랑하는 만큼, 그로부터 교훈을 받을 때마다 의심스러운 교리들에 대해 주님이 확증해 주시도록 겸손히 구해야만 합니다. 우리가 맹목적으로 따라갈 만큼 참된 교사나 깨끗한 예언자는 하나도 없습니다. 그들이 우리를 인도한다해도 우리는 눈을 뜨고 귀를 열어 예수님의 확증하시는 음성에 민감하게 반응해야 합니다. 기록된 바와 같이 "두세 증인의 입으로 말마다 확정"해야 합니다(고후 13:1). 참된 교사들조차 순진하게 거짓된 교리들을 전할 수 있습니다. 우리의 교사와 사역자가 얼마나 신실한가가 문제가 아닙니다. 만약 우리가 받고 있는 가르침이 우리를 그리스도의 사랑과 그의 거룩하심 또는 그의 능력으로 인도하지 않는다면, 또 우리가 이와 같은 영적 차원에서 예수님을 위해, 또 그분을 통해 다른 사람들을 위해 준비되고 있지 않다면, 그 교리는 우리를 제한하고 억누르는 요새입니다.

아무도 우리를 미혹하지 않도록 확실히 하는 가장 안전한 길은 우리가 우리 자신을 미혹하지 않도록 하는 것입니다. 우리는 계속 하나님께 정직해야 하며 하나님의 사랑과 하나님의 말씀에 민감해야만 합니다. 사탄의 계획은 우리의 자라온 과정이나 우리의 경험들 또는 교회의 교리를 통해 어찌하든지 우리로 하여금 그리스도의 삶의 어떤 부분들은 사실이 아니거나 우리의 경우에는 타당하지 않다고 받아들이게 하는 것입니다. 우리가 삶 속에 직면하는 모든 영적 전투는 말씀을 놓고, 또 우리가 하나님의 신실하심과 성실하심에 기초하여 우리의 삶을 세울 수 있는가를 놓고 싸우는 것입니다. 만일 우리가 우리의 확신하는 바를 굳게 지키면 하나님께서 신실하게 우리를 모든 사탄의 요새에서 해방시키시고 우리를 온전히 그의 나라로 인도하실 것입니다.

Chapter 06

그리스도의 형상의 요새

The Three Battlegrounds

승리는 우리의 입으로 고백하는 예수의 이름에서 시작합니다.
그런데 그 완성은 우리의 심령 속에 있는 그리스도의 성품에 의하여 이루어집니다.

하나님의 최고의 목적

대부분의 그리스도인들이 단지 현재의 곤궁으로부터 풀려나거나 "정상적인" 생활을 하려는 희망으로 영적 싸움을 합니다. 그러나 영적 싸움을 포함해서 영적인 모든 것이 갖는 목적은 우리를 그리스도의 형상 안으로 인도하는 것입니다. 만일 우리가 우리 믿음의 유일한 목적인 그리스도 닮기를 간과한다면, 예배든지 싸움이든지, 사랑이든지 원수로부터의 해방이든지, 그 무엇도 참으로 얻을 수 없습니다.

돌이켜 봅시다. 주님은 고대 히브리 사람들을 애굽에서 해방시키셔서 약속의 땅 안으로 인도하셨습니다. 마찬가지로, 우리가 죄의 세력에서 해방된 것은 우리 자신을 위해 살도록 하기 위한 것이 아니라 우리가 그리스도의 형상 안으로 들어가게 하기 위한 것입니다. 우리의 목표는 하나님의 목표에 맞추어져야만 합니다. 왜냐하면 만약 우리의 본성이 변하지 않으면, 틀림없이 우리가 처음에 겪었던 어려움을 일으킨 바로 똑같은 문제로 다시금 얽매이게 될 것이기 때문입니다.

듣기 싫은 소리일지 모르나, 우리의 영적 갈등은 주 예수 그리스도의 성품이 우리 심령에 형성되기까지 끊이지 않을 것입니다. 원수로부터의 해방에 두신 하나님의 목표는 단순히 우리의 짐 또는 마귀를 우리의 등에서 벗겨주시는 것보다 훨씬 더 큽니다. 참으로 하나님께서 우리 삶의 모든 것을 통한 역사의 키를 잡으시고 방향을 정하여 나가시는 구체적인 목적은, 우리로 하여금 "그 아들의 형상을" 본받게 하려는 것입니다. 우리 구원에 대한 아버지의 뜻은 예수님이 "많은 형제 중에서 맏아들이" 되는 것입니다(롬 8:29). 다른 말로 하면, 하나님의 궁극적인 승리를 실현하는 길은 하나님의 궁극적인 목표에 이르는 것, 곧 그리스도의 형상으로 우리가 완전히 변화하는 것입니다.

하나님과 우리 사이에 성령이 역사하심으로써 주 예수 그리스도의 살아 계신 임재가 우리의 영에 흠뻑 스며들어 충만케 되고, 주님의 영광이 우리의 삶에 홍수처럼 흘러 넘쳐 우리 안에 "조금도 어두운 데가 남아 있지 않게" 됩니다(눅 11:36). 주님의 임재가 이처럼 직접적으로 임한다는 것이 파괴할 수 없는 방어진, 그 안에 우리가 악을 피해 숨을 수 있는 그리스도의 요새를 만듭니다. 주님으로 말미암아 우리는 우리의 관계, 즉 아버지와의 관계 그리고 사람과의 관계 둘 다에서 탁월하게 되어 걷잡을 수 없는 사탄의 공격에 영향을 받지 않고 주님의 길로 행하게 됩니다. 실로 주님의 충만하심이 우리 가운데에 더해갈 때 바로 기록된 말씀이 이루어지는 것입니다. "주의 그러하심과 같이 우리도 이 세상에서 그러하리라" 또 "하나님께로서 나신 자가 (우리를) 지키시매 악한 자가 (우리를) 만지지도 못하느니라"(요일 4:17 하반절, 요일 5:18 하반절).

우리는 우리를 패하게 하는 것이 사탄이 아니요 사탄에 대해 열려있는 우리의 상태임을 깨달아야만 합니다. 사탄을 완전히 정복하기 위해 우리는 "지존자의 은밀한 곳(대피소의 뜻)"에서 행해야만 합니다(시 91:1). 사탄이 묶이되는 것은 단 하나의 목적을 위해서입니다. 즉 사탄과 하나님의 백성들 사이의 싸움은 우리를 그리스도의 형상 안으로 밀어 넣으며 거기서는 그리스도의 성품만이 유일한 쉼과 안전이 됩니다. 하나님은 사람을 그의 형상대로 지으시려는 그의 영원하신 계획을(창 1:26) 앞당기기 위해 영적 싸움을 허락하십니다.

일단 아버지의 목표가 우리의 삶을 그리스도의 삶으로 변화시키는 것임을 깨닫고 나면 우리는 영적 싸움에 대한 하나님의 해답을 발견하게 됩니다. 그것은 '그의 아들의 성품을 받아 가지라!'는 것입니다. 두려움이나 의심의 귀신으로 고생하십니까? 불신앙을 회개한 다음 그 문제를 하나님께 내어놓고 여러분 안에 있는 그리스도의 믿음에 순복하십시오. 정욕과 수치의 영들로 고통을 받고 계십니까? 바로 그 같은 죄의 영역들을 하나님께 내어놓고 여러분의 옛 성품을 회개하고 그리스도의 용서하심과 그의 깨끗한 심령에 매달려 의지하십시오.

아버지의 더 큰 관심은 사탄을 이기는 것보다 우리의 삶에서 그의 아들이 드러나는 것입니다. 사탄이 무엇이관대 살아계신 하나님께 도전할 수 있습니까? 실로 가장 큰 진리는 사탄이 여러분의 삶을 겨냥한 자신의 공격이 여러분을 하나님으로부터 멀어지게 하는 대신 하나님께로 더 가까이 나가게 하는 것임을 깨닫고 나면, 또 자신의 유혹이 실제로 여러분에게 그리스도의 성품을 닮도록 이끈다는 것을 알면, 원수는 물러갈 것입니다.

목표는 그리스도의 형상이요 싸움이 아님

이 책의 뒷부분에서 말하겠지만, 주님이 우리의 교회와 지역사회를 관할하는 사탄의 요새들을 파하라고 우리를 이끄시는 때가 있을 것입니다. 그러나 영적 싸움에 너무 매달리어 실제로 하나님께 대한 순종이 흐트러지는 때도 있습니다. 예수님은 겟세마네와 십자가상에서 마귀를 직접 상대하신 것이 아니라 갈보리에서 십자가를 지시도록 부름 받은 하나님의 뜻을 이룸으로써 사탄을 물리치셨습니다. 사상 최대의 영적 전투에서의 승리는 승리자가 그의 상대를 꾸짖는 한 마디의 말조차 없이 모든 사람의 눈 앞에서 그 자신이 죽는 것으로 성취되었습니다! 이 세상 임금이 심판을 받고 정사와 권세들이 무장 해제를 당한 것은 정면 대결의 싸움에 의한 것이 아니라 예수 그리스도께서 십자가에 자신을 내어 주신 것으로 된 것입니다.

경우에 따라서는, 마귀를 상대로 한 여러분의 전투가 실제로 하나님께서 여러분에게 두신 목적에서 여러분을 이탈하게 할 때가 있습니다. 중보 기도자들과 영적 싸움의 지도자들은 주의하시기 바랍니다. 사람의 마음을 꾀어 지옥으로 끌고 가는 목적을 가진 귀신이 있는데 그 이름은 "빗나간 초점"입니다. 만일 여러분이 주변의 사람들이나 물질 세계 속에서 악령들을 계속 보게 된다면 여러분은 실제로 이 귀신과 싸우고 있을 수도 있습니다. 이 귀신의 궁극적인 목표는 원수로부터의 해방된 성도들을 정신적으로 병들게 하는 것입니다. 주의해서 들으십시오. 우리가 그리스도의 형상으로 변화하는 일이 직접적으로 방해를 받는 경우를 제외하고는 주님께서 우리를 부르신 것이 싸움이나 사탄에게 초점을 두라고 하신 것이 아닙니다. 우리의 부르심은 예수님께 초점을 두라는 것입니다. 그러나 사탄의 역사는 우리의 눈을 예수님으로부터 다른 곳으로 끌고 가려 합니다. 사탄의 병기 가운데는 우리의 눈을 예수님으로부터 다른 곳으로 옮겨가도록 하는 유혹이 언제나 들어 있습니다. 예수님께로 돌아서십시오, 거의 즉각적으로 전투가 사라질 것입니다.

제가 알던 사람 중에 한때 레코드 회사의 주인이었던 사람이 있습니다. 회사를 경영하는 것 외에도 그는 모든 레코드판을 찍어 낼 "원판"에 귀를 기울이며 생산 공장에서 많은 시간을 보내기도 했습니다. 여러 해가 지나면서 그의 귀는 "펑펑 찍찍" 소리나는 곳, 원판에서 지워버려야 할 결함들을 잡아내는데 익숙하게 되었습니다. 하루는 제가 음악과 함께 일하는 것이 틀림없이 즐거울 것이라고 말했습니다. 그의 대답은 나에게 깨우침을 주는 것이었습니다. 그가 말하기를, "그런데 몇 해 동안 음악을 듣지 않고 있는 걸요. 제가 우리 집의 고급 스테레오를 켜면 무슨 판을 틀든지 간에 상관없이 제 귀에 들리는 것은 모두 '펑펑 찍찍' 뿐입니다."

그의 생각이 음악적 결함에 쏠린 것과 마찬가지로, 빗나간 초점은 여러분의 생각을 계속 원수 쪽으로 쏠리게 하려 할 것입니다. 갑자기 여러분에게 보이는 것이 온통 귀신들이 될 것입니다. "영분별"이라고 불리는 참된 은사는 좌로나 우로나 치우치지 않는 은사로, 여러분이 악령을 보면 적어도 같은 수의 천사의 영들도 알아볼 수 있게 합니다. 이 은사가 바르게 나타날 때 흔히 분별의 은사로 가장한 것보다 그 초점은 더 긍정적이며 더 큰 영향력을 보입니다.

분별의 은사가 좌로나 우로나 치우지지 않고 바르게 사용된 예를 열왕기하에서 봅니다. 시리아(아람) 군대가 이스라엘의 한 성을 에워싸므로 선지자 엘리사의 수종드는 자가 기겁을 하고 놀랐습니다. 그 사환의 심한 두려움을 가라앉히기 위해 엘리사는 사환의 눈이 열리기를 기도했습니다. 그 다음 그는 사환을 격려하여 말하기를, "두려워하지 말라 우리와 함께한 자가 그들과 함께한 자보다 많으니라"(왕하 6:16). 여호와께서 그 사환의 눈을 여시매 저도 엘리사가 본 것을 보았습니다. "불말과 불병거가 산에 가득하여 엘리사를 둘렀더라"(왕하 6:17).

영적 싸움에서 전투는 "우리 대 그들"식의 인간들만의 일에 한정되지 않습니다. 이 전투는 언제나 "우리와 함께한 자들" 대 "그들과 함께한 자들"의 싸움을 포함합니다. 참된 분별은 귀신의 활동을 인식함과 함께 엄청나게 많은 천사들이 하나님께 충성하고 있음을 충분히 인식하는 것, 또 우리 편에 있는 천군 천사들이 원수보다 더 강하고 또한 더 많다는 것을 인식하는 것입니다. 기억해둘 것은 여러분이 싸움을 할 때에 "음악 소리"를 듣지 못한다면 여러분의 분별은 기껏해야 불완전할 뿐입니다.

개인적인 차원에서 우리는 마귀와 대적하는 기도로 날을 보내기보다 경건의 덕을 기르는 것이 낫다는 사실을 배워야만 합니다. 실로 주님 주시는 기쁨이야말로 우울증의 영들을 쫓아냅니다. 우리의 산 믿음만이 불신앙의 영들을 쫓아냅니다. 적극적인 사랑만이 두려움을 몰아냅니다.

우리가 계속 우리 자신을 그리스도께 순복하고 믿음으로 그의 성품과 말씀에 우리 자신을 내어드리면, 주님의 임재라는 뚫리지 않는 요새를 우리 주변에 쌓는 것이 됩니다. 전능하신 분의 요새에 들어가는 길은 간단합니다. 승리는 우리의 입으로 고백하는 예수의 이름에서 시작됩니다. 그러나 그 완성은 우리의 심령 속에 있는 그리스도의 성품에 의하여 이루어집니다.

Chapter 07

원수들의 한가운데서 다스리라!

The Three Battlegrounds

우리가 누리는 평강은 극단적인 무관심에서 오는 것도, 또 너무 "영적"인 나머지 문제를 보지 못하는데서 오는 것도 아닙니다. 이는 하나님의 사랑에 대한 확신에 찬 여러분이, 어떤 상황에서 어떤 전투와 어떤 어려움을 겪고 있든 상관없이 "여러분 안에 계신 이가 세상에 있는 이보다 크심"을 아는데서 오는 것입니다(요일 4:4). 여러분은 스스로 확신을 갖는 것이 아니라 하나님의 보증으로 확신에 차는 것입니다.

평강의 하나님이 사탄을 상하게 하심

효과적으로 영적 싸움을 싸우기 위해서 우리는 영적 권세에 대해 알아야만 합니다. 영적 권세는 여러분의 뜻을 다른 사람에게 강요하는 것이 아닙니다. 한 때 분쟁과 억눌림이 가득하던 곳에 하나님의 평강을 이룩했을 때, 여러분은 영적 권세를 가지게 됩니다. 그러므로 진정한 영적 권세를 가지려면 먼저 평강을 갖지 않으면 안 됩니다.

사도 바울은 "평강의 하나님께서 속히 사탄을 너희 발 아래에서 상하게 하시리라"고 가르쳤습니다(롬 16:20). 우리가 영적 싸움을 하는 동안 평강을 유지할 때, 이는 사탄으로부터 오는 억눌림과 두려움에 치명상을 입히는 일격이 됩니다. 우리의 승리는 결코 우리의 감정이나 우리의 지성으로부터 오지 않습니다. 우리의 승리는 우리의 눈으로 보고 우리의 귀로 듣는 것으로 판단하기를 거절하고 하나님의 약속이 이루어질 것을 믿는 믿음으로 인해 옵니다.

우리가 처한 상황들에 대해 인간적인 반응을 보이기를 그칠 때까지 우리는 결코 그리스도의 승리를 온전히 알지 못할 것입니다. 여러분이 어떤 것에 대한 권세를 진정으로 갖고 있다면 여러분은 걱정, 두려움 또는 불안함 없이 그것을 바로 볼 수가 있습니다. 여러분이 누리는 평강이 승리에 대한 증거입니다. 난폭한 폭풍을 다스리신 예수님의 권세는(마 8:23-27), 날씨에 대해 가지셨던 주님의 평강이 그대로 나타나고 또 확대되어 행사된 것이었습니다. 주님은 폭풍을 상대로 싸우시거나 또 이를 두려워하지도 않으셨습니다. 주님은 폭풍의 노도를 마주 대하시고 온전한 평강 속에서 주님의 권세로 잠잠케 하셨습니다. 빌라도의 법정에서, 지옥의 권세가 광란으로 세상을 뒤흔드는 속에서 그리스도를 감싸고 있었던 신성한 평온-이는 어떤 대가를 치르고도 하나님의 뜻에 준행하려는 그의 결심이 낳은 평강이었습니다. 주님의 영은 하나님의 보좌에 있는 평강을 온전히 드러내는 평온함을 발산하십니다. 그 순간 법정에 선 것은 더 이상 예수님이 아니요 사탄이며 빌라도며 이스라엘의 종교적 제도입니다.

사탄의 병기는 두려움, 걱정, 의심, 자기연민 따위들로 되어 있습니다. 이 같은 병기의 하나하나가 우리에게서 평강을 빼앗아가고 우리들을 근심하게 만듭니다. 원수가 어디로부터 와서 여러분을 공격하는지 분별하기를 원하십니까? 다른 이들과 갖는 관계성의 네트워크 그 어디에서인가 여러분이 평강을 갖지 못하는 곳, 거기가 여러분이 싸우고 있는 곳입니다. 역으로 하면, 승리가 있는 곳에는 평강이 있습니다. 사탄이 여러분을 향해 창을 던질 때, 여러분이 역경 중에 평강을 가지면 가질수록 여러분은 더욱 참되게 그리스도의 승리 안에서 행하게 됩니다.

바울은 우리에게 말하기를, "무슨 일에든지 대적하는 자들 때문에 두려워하지 아니하는 이 일을 듣고자 함이라 이것이 그들에게는 멸망의 증거요 너희에게는 구원의 증거니"라고 했습니다(빌 1:28). 여러분의 평강과 여러분이 하나님의 말씀 위에 흔들림 없이 확고하게 선 모습은 하나님의 뜻에 온전히 순복하여 바른 자리를 잡게 된 것에 대한 증거입니다. 여러분이 대적하는 자를 인하여 "아무 일에든지 두려워하지 아니한다"는 바로 그 사실이, 대적하는 자를 이기는 권세를 가진 것에 대한 증거입니다.

화평케 하는 자가 하나님의 아들들이다

평강은 성령의 능력입니다. 평강은 성령의 성품이며 여러분이 평강 속에 있을 때 능력을 행할 수 있습니다. 화평케 하는 자는 단순히 전쟁에 항의하는 자가 아닙니다. 그는 내적으로 성령을 따르고 또 목적에 있어서 그리스도께 온전히 순복하였기에 "하나님의 아들"이라고 불립니다. 그가 가는 곳에 하나님이 가시며 하나님이 가시는 곳에 그도 갑니다. 그는 두려움이 없고 평온하며 담대합니다. 빛과 열이 방사되어 나가듯이 평강이 그로부터 퍼져 나갑니다.

삶의 전투에서 평강은 실제로 무기입니다. 실로 여러분의 확신은 마귀의 속임에 넘어지지 않을 것을 선포합니다. 아실 것은, 대적하는 자를 누르는 권세를 갖는 첫 걸음은 우리가 처한 상황에도 불구하고 평강을 갖는 것입니다. 예수께서 마귀를 대하셨을 때, 그는 마귀를 감정과 두려움으로 대하지 않으셨습니다. 마귀가 거짓말쟁이인 것을 아시는 주님은 단순히 하나님의 음성 이외의 어떤 다른 소리로부터 영향받는 것을 거절하셨습니다. 주님의 평강이 사탄을 압도했고 주님의 권세가 거짓을 깨어 부수고 마귀들을 달아나게 했습니다.

다스림에 앞서 쉼을 가지라

시편 23편에서 다윗은 "내가 사망의 음침한 골짜기로 다닐지라도 해를 두려워하지 않을 것은 주께서 나와 함께하심이라…"고 선언합니다. 여러분이 "해를 두려워하지 않는 곳"은 오직 하나님과 동행하는 곳뿐입니다. 다윗은 사자와 곰과 장대한 자를 맞아 싸웠습니다. 이 시편에서 그는 바로 "사망의 음침한 골짜기"에 섰으나 해를 두려워하지 않았습니다. 다윗의 믿음은 주님 안에 있었습니다. 그는 "…나와 함께하심이라"고 그 까닭을 말했습니다. 하나님이 여러분과 함께하시기 때문에 여러분이 당하는 역경은 하나님을 믿는 믿음을 지킬 때, 승리로 변화될 것입니다! 다윗은 계속해서 말합니다. "…주께서 내 원수의 목전에서 내게

상을 차려 주시고." 여러분이 싸우고 있는 전투는 곧 여러분에게 영적 양식 곧 여러분을 영적으로 살찌게 하고 강건하게 세우는 경험이 될 것입니다.

오직 하나님의 평강만이 전투 중 여러분의 육적인 반응을 잠잠케 할 것입니다. 하나님의 평강의 원천은 하나님 자신이십니다. 참으로 "보좌 앞에 수정과 같은 유리 바다"가 있습니다(계 4:6 상반절). 유리 바다는 하나님의 상징입니다. 즉 거기에는 잔물결도, 파도도 없고 우리의 마음을 무겁게 하는 불안도 없습니다. 주님은 결코 걱정하지 않으시며 결코 서두르지 않으시며 항상 해답을 가지고 계십니다. 주님을 둘러 싼 바다는 온전히 잔잔하고 전적으로 평온합니다.

하나님은 우리의 아버지이십니다. 하늘의 예루살렘은 우리의 어머니, 우리의 새 사람이 태어난 곳입니다(갈 4:26). 또 여러분은 하나님의 사랑하는 자녀요, 아버지의 가족의 한 부분이요, 그의 권속의 일원입니다(엡 2:19). 여러분은 하늘나라에 들어가려고 애쓸 것이 아니라 오히려 영적인 거듭남을 통해 그곳에서 이미 태어난 것을 계시로서 알게 되어야만 합니다(요 3:1-8). 여러분은 차분히 자리를 잡고 전능하신 분과의 관계에서 바른 위치를 잡아야만 합니다.

위로부터 거듭난 사람들에게 주님은 말씀하십니다. "…내가 네 원수로 네 발판이 되게 하기까지 너는 내 우편에 앉으라"(시 110:1). 싸움에 나서기 전에 사탄이 두려워하는 것은 여러분이 아니요 여러분 안에 계신 그리스도임을 인정하십시오. 하나님은 우리를 일으키사 그리스도와 함께 하늘에 앉히셨습니다(엡 2:6). 이 때문에 성령께서는 전투에 임하는 우리의 첫 마음가짐이 하나님께 대한 경배라고 계속 우리에게 말씀하고 계십니다. 하나님의 임재 안에 여러분의 자리를 잡으십시오. 그리스도께서 이미 여러분의 적을 여러분의 발등상 되게 하신 것을 알고 쉼을 누리며 앉아 계십시오. 쉼의 자리로부터 여호와의 말씀이 계속됩니다. "여호와께서 시온에서부터 주의 권능의 규를 내보내시리니 '주는 원수들 중에서 다스리소서'"(시 110:2). 다스림에 앞서 쉼이 있어야 합니다. 권능에 앞서 평강이 있어야 합니다. 여러분 자신에 대한 하나님의 다스림에 순복할 때까지 마귀를 다스려보겠다고 하지 마십시오. 모든 승리의 초점은 하나님을 만날 때까지 찾는 것, 또 그를 만난 다음 그의 임재가 여러분의 영을 주님의 평강으로 충만케 하도록 하는데 있습니다. 주님 우편에 앉아 있는 확신으로 주님의 승리 안에 쉼을 얻으면서 우리의 원수들의 한 가운데서 다스립시다.

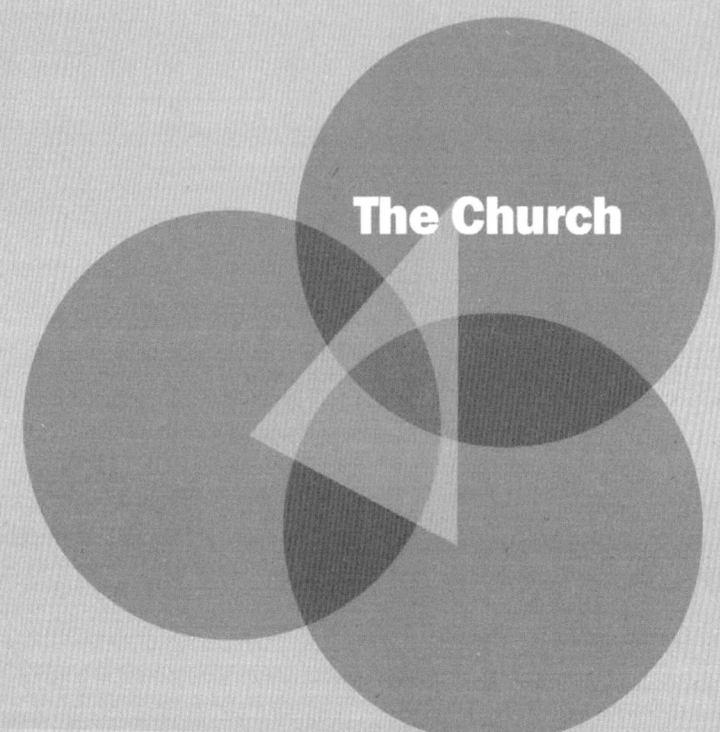

The Church

The Three Battlegrounds

우리는 우리의 형제들을 향해 바로 하나님의 마음을 가져야만 합니다.
하나님의 나라와 그리스도의 권세는 사랑을 동기로 하여
끝까지 기도를 감당하겠다는 헌신된 백성들 속에서 나타날 것입니다.
왜냐하면 그들은 형제들의 부족함을 볼 때,
그 형제들을 비판하는 참소자를 쫓아내고 기도하기 때문입니다.

Part 2

영적 전투의 영역, 교회

우리가 살고 있는 도시의 다른 교회들은 우리의 적이 아닙니다! 우리는 우리를 분열시키려고 지옥에서 파송된 착각과 분쟁, 두려움과 시기를 대적하여 싸울 수 있게 되어야 합니다. 예수께서 우리가 하나되기를 영원토록 기도하고 계신다면(요 17:20-23) 사탄이 이를 막으려고 계속 싸우고 있음을 우리는 깨달아야 합니다. 사탄이 알고 있는 바는 우리가 그리스도와 하나가 되며 또 그를 통하여 서로 하나가 될 때, 예수께서 세우신 이 교회가 지옥의 왕국을 멸하는 것은 시간문제라는 것입니다!

Chapter 08

칼을 빼어 드신 주님

The Three Battlegrounds

하늘에 계신 아버지께서 아들에게 주실 수 있었던 모든 이름 중에서 "예수"라는 이름을 택하신 데에는 아주 깊은 뜻이 있습니다. 왜냐하면 예수는 "여호수아"의 헬라어 표기이며 그는 백성들을 이끌고 싸움에 나간 히브리 장군이기 때문입니다. 보다 위대한 승리를 얻도록 준비되기 위해서 우리는 예수 그리스도에 대한 보다 위대한 계시가 필요합니다. 우리는 이 세대의 마지막 순간에 나타나실 주님, 곧 전투복을 입으신 거룩하신 용사 그대로의 주님을 보아야 합니다.

예수께서 오실 때 그를 알아보겠는가?

"여호수아가 여리고에 가까이 이르렀을 때에 눈을 들어 본즉 한 사람이 칼을 빼어 손에 들고 마주 서 있는지라 여호수아가 나아가서 그에게 묻되 너는 우리를 위하느냐, 우리의 적들을 위하느냐 하니"(수 5:13).

하나님의 움직임이 있기 바로 전에는 많은 이들이 하나님께서 그들을 위하시는지 그들의 대적을 위하시는지 의아하게 생각하는 일이 있습니다. 주님이 정면으로 맞서 싸우시며 너무 열정적이셔서 이제껏 우리가 의지하고 배워온 분과는 너무도 "다르게" 보일 수 있습니다. 하지만 이는 지난 몇 년간 주님과 교회 간의 관계를 정확하게 보여주는 상황입니다. 주님은 우리 앞에 칼을 빼어 들고 계십니다. 그분은 우리에게 싸움터로 따라오라고 부르고 계십니다.

아마도 여러분은 그리스도의 칼끝이 여러분의 심장을 똑바로 겨누고 있는 것 같아 보였던 때를 경험하셨을 것입니다. 안심하실 것은 하나님께서는 여러분을 위하신다는 것입니다. 사실, 이는 주님께서 자신의 뜻을 밝히신 것으로 여러분의 심장을 겨눴던 바로 그 칼, 곧 하나님의 말씀(엡 6:17)이신 성령의 검을 여러분의 말과 기도를 통해 허락하시겠다는 것입니다. 그러나 성령의 검은 여러분의 입을 통해 나오기 전에, 먼저 여러분의 심령을 통과해야 합니다. 하나님은 우리가 하늘의 처소에 있는 원수를 상대로 효과적으로 싸울 수 있게 되기 전에 우리 안에 있는 두려움의 요새를 정면으로 다루십니다.

이처럼 새롭게 드러나는 그리스도의 모습에 움츠러들거나 놀랄 것은 없습니다. 왜냐하면, 이는 사실 하나님께서 여러분이 전투태세를 갖추도록 하시는 훈련의 시작이기 때문입니다. 훈련이 완전히 끝나면 여러분은 두려움을 모르는 주님의 군대에 속한 용사가 될 것입니다. 그러나 현재 우리는 제멋대로이고 훈련받지 못한 백성들이며 우리 앞에 다가오고 있는 싸움의 날을 깨닫지 못하고 있습니다. 우리는 주 예수께서 이 세대의 마지막 무렵에 사탄이 자기의 때가 다 되어 날뛰는 것에 대비하도록(계 12:12) 한 군대를 일으키시며, 저들에게는 대부분의 그리스도인들이 알지 못하는 식으로 자신을 나타내실 것임을 깨달아야만 합니다.

이사야는 우리에게 말씀합니다. "여호와께서 용사같이 나가시며 전사같이 분발하여 외쳐 크게 부르시며 그 대적을 크게 치시리로다"(사 42:13). 우리가 아는 주님은 우리의 구세주요 우리의 목자이십니다. 사랑하는 우리 주님에 대한 이 같은 계시들은 주님의 성품의 새로운 면이 나타난다 해도 참된 것은 조금도 달라지지 않습니다. 이는 단순히 우리가 이제껏 주님을 알아온 것과는 아주 놀랍게도 다른 차원의 계시라는 것뿐입니다. 기운을 내십시오. 칼을 빼어 드십시오. 그 입술에서 싸움을 외치는 호령소리가 울려나오는 무서운 용사이시며 왕이신 분은 바로 우리 죄를 위하여 십자가에서 죽으신 복되신 구주이십니다.

그렇지만 사실상 이 다음에 계시될 그리스도의 모습에서 받는 충격을 완화할 길은 없습니다. 여러분이 지금 당장 받게 될 놀라움과 당황스러움은 여리고 광야에서 여호수아에게 나타내신 것과 조금도 다름없는 극적인 것이 될 것입니다. 여러분의 생각이 흔들리고 두려움에 떨게 될 것입니다.

다시 여호수아를 놓고 봅시다. 그는 이미 광야의 성막에서 놀랍고도 친밀한 방법으로 주님을 진정으로 알고 있었습니다. 그러나 이제 그의 앞에는 그리스도께서 새로운 계시의 모습으로 서 계십니다. 주님 자신이 자기 백성을 싸움에 이끄시기 위해 오셨던 것입니다.

마침내 애굽을 탈출한 피난민들과 광야에서 태어난 그들의 자녀들이 그들보다 더 강대하고 더 많은 백성을 가진 많은 나라들을 쳐부수게 됩니다(신 9:1). 그들은 주님의 능력을 힘입어 불가능한 일을 해내기도 했습니다.

여호수아는 깜짝 놀랐지만 그와 함께한 백성들 모두가 자기들이 생각한 것보다도 이 전투에 더 잘 준비되어 있었습니다. 그들이 광야에서 보낸 시간은 전쟁을 하는 데에 도움이 되었습니다.

마찬가지로 여러분이 지나온 광야는 징계가 아니라 준비의 때요, 순종을 배우는 때였습니다. 여러분은 주님께 불순종한 교회의 지도자들이 영적 죽음과 파멸에 처하는 것을 두려움 속에 지켜보아 왔습니다. 그러나 여러분은 그들의 불순종에 걸려 넘어지지 않았습니다. 오히려 여러분은 이로부터 교훈을 얻은 것입니다!

주님이 다시 오시기 전, 광야의 시험들을 통과한 이들이 받을 또 하나의 계시가 있습니다. 그리스도는 그들에게 "여호와의 군대장관"으로 나타나실 것입니다. 저들은 어린 양이 가는 곳이면 어디나 따라가기 위하여 준비할 것입니다.

"여호수아가 얼굴을 땅에 대고 엎드려 절하고 그에게 이르되 내 주여 종에게 무슨 말씀을 하려 하시나이까 여호와의 군대 대장이 여호수아에게 이르되 네 발에서 신을 벗으라 네가 선 곳은 거룩하니라 하니 여호수아가 그대로 행하니라"(수 5:14-15).

주님의 이 같은 새 계시는 거룩합니다. 잘 알지도 못하면서 대적하거나 비난하지 마십시오! 우리는 주님의 참 모습 그대로, 또 장차 나타내실 모습 그대로 주님을 알기 시작하고 있습니다.

주님의 약속은 우리가 앞에서 읽은 대로, 주님께서 "용사같이 나가시며 전사같이 분발하여 외쳐 크게 부르시며 그 대적을 크게 치시리로다"(사 42:13)입니다. 전진하는 교회의 군병들 속에서 예수님은 싸움을 외치는 호령소리를 높이고 계십니다. 여러분은 중보 기도 시간에 주님의 호

chapter 08 칼을 빼어 드신 주님···77

령소리를 들으십니까? 새로운 권세, 예언적 기도의 외침으로 천둥치듯 크게 부르짖는 새로운 세대가 자라나고 있습니다. 그리스도께서는 친히 교회를 통하여 그의 원수들에 대하여 승리하고 계십니다. 실로 음부의 권세가 예수께서 세우시는 교회를 대적해 서지 못할 것입니다(마 16:18). 주님의 교회가 범사에 그에게까지, 우리의 머리 곧 그리스도, 용사이시며 왕이신 그에게까지 자라야 할 때가 왔습니다(엡 4:15).

Chapter 09

'식어진 사랑'의 요새를 주의할 것

The Three Battlegrounds

여러분의 사랑은 날로 더 부드럽고, 더 밝으며, 더 담대하고 더 눈에 띄도록 자라고 있습니까? 그렇지 않으면 갈수록 더 차별하며, 더 계산적이 되며, 더욱 몸조심을 하려고 몸을 사리십니까? 이는 매우 중요한 문제입니다. 왜냐하면, 여러분의 기독교는 오직 여러분의 사랑이 참된 만큼 참되기 때문입니다. 여러분이 눈에 띄도록 점점 더 사랑할 수 없게 되는 것은 식어진 사랑의 요새가 여러분 속에 만들어지고 있다는 증거입니다.

용서 못함을 주의하라!

불법이 성함으로 많은 사람의 사랑이 식어지리라 (마 24:12).

교회가 당면하고 있는 영적 싸움의 한 주요한 부분은 교회 사이의 상호 관계의 영역입니다. 사탄은 교회가 스스로 분쟁해서는 설 수 없다는 것을 알고 있습니다. 우리는 한 때의 축복과 영적 승리의 한 철을 즐길 수도 있습니다. 그러나 도시 전체의 싸움을 승리로 이끌기 위해 예수님은 단합된 범 도시적 교회를 일으키고 계십니다. 연합되어 승리하는 교회의 특징은 헌신적인 사랑일 것입니다. 하지만 이 세대의 마지막 때에 늘어나는 불의로 인해 그리스도인의 참 사랑은 심한 공격을 받게 될 것입니다.

사랑이 없이는 영적으로 하나됨이 있을 수 없고 따라서 계속적인 승리도 없습니다. 사랑은 하나됨을 열망합니다. 반면에 상처받은 마음은 눈에 띄도록 사랑이 부족한 것을 특징으로 합니다. 이처럼 식어진 사랑은 마귀들의 요새입니다. 우리 세대에 식어진 사랑은 점점 더 예사로 되어가고 있습니다. 식어진 사랑은 기도의 능력을 막고 계속해서 흐르는 치유와 전도의 길을 막아버립니다. 사실상 계속 강퍅함으로 용서하지 않는 마음이 있는 곳이라면, 그것이 개인이든지 교회든지, 마귀들이 (마 18:34에는 "옥졸들"로 표현) 마음대로 드나들 수 있는 문을 열어놓는 것입니다.

성경은 한 개인의 삶 속에 돋아난 아주 작은 쓴 뿌리일지라도 많은 사람을 더러워지게 할 수 있다고 경고합니다(히 12:15). 상처받은 마음은 이루지 못한 복수입니다. 다른 이들의 분별없고 무정한 언행이 우리에게 깊은 상처를 입혔을 수도 있습니다. 점점 더 거칠고 무정해가는 세상에서 때때로 상처를 입는 것은 어쩔 수 없는 일입니다. 그러나 여러분이 사랑과 용서로써 이를 대하지 못하고 상처 준 사람에게서 빚을 받아내겠다는 그대로 여러분의 심령에 간직한다면, 바로 그 상처가 여러분의 심령에서 사랑의 능력을 빼앗아갈 것입니다. 모르는 사이에 여러분은 "사랑이 식어가는" 마지막 때의 대다수 그리스도인들 중의 하나가 될 것입니다.

상처받은 마음은 식어진 사랑의 요새를 나타내는 전형적인 증세입니다. 이를 다루려면, 상처받은 감정을 품은 마음가짐을 회개하고 여러분에게 상처를 준 사람을 용서해야만 합니다. 하나님께서 이처럼 마음 아픈 경험을 하도록 허락하신 것은 여러분에게 원수를 사랑하는 법을 가르치시기 위한 것입니다. 만약 여러분이 상처를 준 이들을 아직도 용서하지 못한다면 여러분은 이 시험에서 낙제하는 것입니다. 다행히도 이는 그저 하나의 시험이지 마지막 시험은 아닙니다. 여러분은 사실 하나님의 사랑 안에서 자랄 수 있는 기회를 주신 것을 하나님께 감사해야 합니다. 여러분의 온 생애가 상처받은 마음과 원망에 삼켜버린 바 되지 않은 것을 감사하십시오. 매일같이 수백만의 사람들이 상처받은 마음에서 벗어날 소망도 없이 영원한 심판 속으로 끌려 들어가고 있지만 여러분은 여러분의 아픔에 대한 하나님의 해답을 받았습니다. 하나님은 나갈 길을 주십니다. 사랑하십시오!

하나님의 사랑을 받아들이고 서로 용서하며 살기 시작할 때, 여러분은 상처받은 마음과 이를 여러분의 삶에 나타나게 하는 견고한 요새를 실제로 파하고 있는 것입니다. 이러한 체험으로 여러분은 결과적으로 전보다 더 큰 사랑을 갖게 될 것입니다. 참으로 하나님께 감사해야 할 일입니다.

헌신 없는 사랑은 사랑이 아님

그 때에 많은 사람이 실족하게 되어 서로 잡아 주고 서로 미워하겠으며 거짓 선지자가 많이 일어나 많은 사람을 미혹하겠으며 불법이 성하므로 많은 사람의 사랑이 식어지리라(마 24:10-12).

분명히 해두고 싶은 것은 헌신이 없는 사랑이란 없다는 것입니다. 여러분이 얼마나 사랑하는가는 여러분이 얼마나 깊이 헌신하느냐로 나타납니다. 저는 "한때 사랑했지만 상처만 입었다"라든가 "그리스도인으로서 섬기는 일에 몸 바쳤으나 사람들이 나를 이용만 했다"는 사람들의 말을 얼마나 자주 듣는지 모릅니다. 사람들은 그들의 사랑이 식어가고 있음을 전혀 깨닫지 못하면서 헌신이라면 뒷걸음칩니다. 겉으로는 그들의 사랑이 식어가는 것 같지 않을 수도 있습니다. 그들은 여전히 교회에 참석하고 성경을 읽으며 십일조를 드리고 찬송을 하는 등 그리스도인처럼 보이지만, 그들의 내면은 다른 사람들로부터 멀리 떨어져 무관심하게 되었습니다. 그들은 하나님의 사랑으로부터 뒷걸음쳤습니다.

예수님은 "실족케 하는 일이 없을 수 없다"고 말씀하셨습니다(마 18:7). 살다보면 선한 사람들마저 겪는 어려움의 날들을 만날 것입니다. 이 땅에 사는 한 "실족케 하는 일"이 여러분의 삶에서 사라질 날은 없을 것입니다. 사람들은 바윗돌에 걸려 실족하지 않고 작은 돌들, 작은 것들에 걸려 실족합니다. 실족은 걷기를 그치고 넘어지는 것을 말합니다. 여러분은 최근에 다른 이의 약점이나 죄 문제에 걸려 실족한 일이 없으십니까? 다시 일어나 사랑하기를 전처럼 계속하고 있습니까? 아니면 실족으로 말미암아 사랑을 좇아 행하던 데서 어느 정도 뒤로 물러나게 되지는 않았습니까? 여러분이 심령 속에 있는 사랑의 본질을 그대로 간직하기 위해서 여러분을 실족케 한 사람들을 용서하지 않으면 안 됩니다.

여러분이 다른 이의 약점을 용서하지 않고 너그럽게 지나치기를 거부할 때마다 여러분의 심령은 그 사람들에게 뿐만 아니라 하나님께도 강퍅하게 됩니다. 여러분은 어떤 사람에 대한 부정적인 평가를(비록 그런 평가를 받아 마땅하다 하더라도!) 내리고 그 평가가 하나의 태도로 굳어지게 해서는 안 됩니다. 이는 여러분이 그렇게 할 때마다 여러분의 심령의 어느 한 부분이 하나님께 대하여 식어질 것이기 때문입니다. 여러분은 여전히 하나님께 마음이 열려 있다고 생각할지 모르지만 성경 말씀은 이 점을 분명하게 하고 있습니다. "보는 바 그 형제를 사랑하지 아니하는 자는 보지 못하는 바 하나님을 사랑할 수 없느니라"(요일 4:20). 누군가가 한 일이 마음에 들지 않을 수는 있지만, 그렇다고 사랑하기를 그만둘 선택의 여지가 여러분에게는 없습니다. 사랑만이 여러분이 택할 수 있는 단 하나의 길입니다.

제가 말하는 사랑이란 무슨 뜻입니까? 첫째로 이는 단순히 "엄한 사랑"만을 뜻하는 것이 아닙니다. 온유하고, 다정하며, 민감하고, 숨김이 없으며, 한결같은 사랑을 뜻합니다. 하나님은 필요하실 때 엄하실 것이며 그가 우리에게 명하실 때 우리도 단호한 자세를 가져야 하지만 우리의 단호한 자세 밑에는 언젠가 행동으로 솟아오를 날을 기다리고 있는 사랑의 지하수가 있어야만 합니다. 제가 뜻하는 "사랑"이란 불쌍히 여기는 마음이 믿음과 기도의 능력을 덧입어 사랑하는 이에게서 하나님의 최고의 선이 이루어지는 것을 보는 것을 말합니다. 내가 누군가를 사랑한다면 그들이 어떤 길로 가든지 나는 그들과 함께 서기로 이미 결심한 것입니다.

우리 각자는 우리의 온전치 못함에도 불구하고 우리를 사랑으로 받아줄 사람이 필요합니다. 서로 사랑하는 크리스천 없이는 그리스도의 충만하심이 나타날 수 없습니다. 저는 구원에 관해 말하고 있는 것이 아닙니다. 우리가 사랑하며 예수의 사랑으로 서로서로에게 헌신하기까지 우리가 받은 그 구원 안에서 자라는 것을 말하고 있는 것입니다.

많은 사람들이 사소한 잘못과 인간적인 약점들에 걸려 실족할 것입니다. 원수는 이런 작은 일들을 재빨리 부추겨서 아주 큰 문제로 만듭니다. 어쩌면 그렇게 사람들은 다른 이들을 멀리하게 된 것을 정당화해보려고 그다지도 구차스러운 변명들을 늘어놓는지! 실제로 교회나 목사에게 있어서 이러한 문제들은 그들의 사랑 없음을 가리려는 연막입니다.

우리는 헌신에 대해 부담스러워 하는 우리의 마음을 극복해야 합니다. 왜냐하면, 이 땅에 사는 동안 불완전한 사람들에게 행하는 헌신함이 없이는 하나님이 우리에게 두신 목적의 충만함에 이를 자가 없기 때문입니다.

"글쎄요, 제 믿음과 같은 믿음을 가진 교회를 찾는 대로 헌신하지요." 이 같은 변명은 아주 위험한데, 여러분이 용서하고 싶지 않다고 마음먹거나 하나님께서 여러분의 사랑의 본질을 다루기 시작하시자마자 여러분이 이처럼 뒤꽁무니 빼는 이유를 어떤 사소한 교리의 차이 탓으로 돌리는 것이기 때문입니다. 하나님의 나라는 단순히 교리에 기초한 것이 아니라 관계-하나님과의 관계, 또 하나님으로 인한 우리 서로와의 관계 위에 세워진 것입니다. 교리들은 이러한 관계들을 정의하는 데 도움을 줄 뿐입니다. 우리는 "반 교리주의자"가 아닙니다. 그러나 우리는 텅 빈 교리들, 덕의 모양은 있으나 식어진 사랑을 정당화하려는 구실에 지나지 않는 교리들을 반대합니다.

가장 큰 계명들

한 율법사가 예수님께 가장 큰 계명이 무엇이냐고 물었습니다. 주님이 그에게 주신 답은 아주 적절한 말씀이었습니다. 주님은 말씀하시기를, "네 마음을 다하고 목숨을 다하고 뜻을 다하고 힘을 다하여 주 너의 하나님을 사랑하라 하신 것이요 둘째는 이것이니(또는 둘째는 첫째와 같으니) 네 이웃을 네 자신과 같이 사랑하라 하신 것이라"(막 12:30, 31). 예수님은 "둘째는 첫째와 같다"고 말씀하셨습니다. 여러분이 하나님을 사랑하면 다른 사람들에 대한 여러분의 사랑은 하나님께 대한 여러분의 사랑과 같게 될 것입니다. 왜냐하면 "둘째는 첫째와 같다"고 하셨기 때문입니다. 하나님을 조건 없이 사랑하면 할수록 여러분은 다른 사람들을 조건 없이 사랑하게 될 것입니다.

"다만 예수와 나뿐"이라는 마음가짐을 가진 분들에게 말합니다. 여러분이 예수님을 만난 것은 놀라운 은혜입니다. 그러나 여러분이 참으로 예수님을 영접함과 동시에 그가 하시는 말씀을 행하지 않는다는 것은 있을 수가 없는 일입니다. 그리스도 안에서의 사랑과 믿음의 성장은 그리스도가 가진 것과 같은 사랑과 믿음을 갖게 되는 것입니다. 이는 곧 우리가 주님처럼 주님의 백성들을 위해 헌신하게 됨을 뜻합니다.

하나님 나라는 우리의 관계 속에서 가장 완벽하게 드러납니다. 우리는 온전해지면서 한 몸을 이루게 될 것입니다(요 17장 참조). 하나님 나라를 소유하려면 우리는 개인으로서, 교회로서 서로에게 헌신해야만 합니다. 그리스도께서 우리가 아직 온전하지 못할 때 우리를 용납하셨으므로, 우리 역시 서로서로를 용납해야만 합니다. 하나님의 나라를 참으로 소유한 사람들은 서로의 허물로 인한 장애물들을 넘어선 사람들입니다. 그들은 각자가 하나님께서 그들을 부르신 뜻, 즉 예수 그리스도의 산 몸이 되도록 서로를 도와야 합니다.

기억하십시오. 식어진 사랑의 요새를 파하는 목적은 그리스도의 몸이 하나가 되어 나타나는 것을 보는 것입니다. 이로써 어려운 싸움을 싸우도록 도전을 받게 되지만 여러분이 끝까지 참으면, 그리스도의 사랑의 높이와 깊이, 길이와 넓이를 알게 될 것입니다. 여러분은 하나님 자신으로 충만하고 사랑이 넘치는 몸이 될 것입니다.

Chapter 10

분별의 은사

The Three Battlegrounds

성령께서 꿈과 환상과 예언의 말씀으로 우리에게 말씀하실 것입니다. 그러나 계시의 대부분이 실제로 임하는 것은 바르게 통찰할 수 있는 우리의 역량 여하에 달려 있을 것입니다. 성경은 예수께서 사람들의 생각을 "중심에"(또는 그의 "영으로") 아셨다고 우리에게 말씀합니다. 우리도 마찬가지로 하나님의 분별 또는 통찰력을 가지고 움직이려면 우리의 인생관으로부터 인간적인 생각과 반응들을 씻어 버려야만 합니다.

분별하려면 판단해서는 안 됩니다!

우리가 판단하려는 우리의 본능을 십자가에 못박을 때까지 우리는 참된 분별을 가질 수 없을 것입니다. 실제로 사람을 위한 사랑과 믿음의 신성한 땅에 심기워지지 않은 오래된 사고 방식을 뿌리 뽑는 데는 여러 달 혹은 몇년이 걸릴 수도 있습니다. "그리스도의 마음" 안에 있는 분별을(고전 2:16) 받아 가지려면 우리는 먼저 그리스도의 중심을 찾아야만 합니다. 예수님의 중심과 사랑은 주님 자신의 말씀 가운데 요약되어 있습니다. "내가 온 것은 세상을 심판하려 함이 아니요 세상을 구원하려

함이로라"(요 12:47 후반절).

영적 분별은 보이지 않는 것을 볼 수 있는 은혜입니다. 이는 영 속에 무엇이 있는지를 통찰하는 성령의 은사입니다. 이 은사의 목적은 베일에 가려진 것의 정체를 꿰뚫어 보는 것입니다. 그러나 먼저 벗겨야 할 베일은 우리 자신의 마음을 덮고 있는 베일입니다. 우리는 우리 자신과 우리 부족함의 정도를 먼저 보아야만 합니다. 왜냐하면 다른 사람의 마음에 있는 것을 볼 수 있는 능력은 우리의 속의 것을 드러내시는 그리스도로부터 오기 때문입니다. 예수님은 다른 이의 죄를 보여 주시기 전에 우리 자신이 주님의 긍휼이 필요하다는 것을 알게 하십니다. 우리가 받은 바 은혜로 말미암아 우리는 다른 이들에게 마음으로 은혜를 베풀 수 있는 것입니다. 이 과정에서 우리는 부패하고 이기심에 찬 우리 육신의 본성을 발견하게 될 것입니다. 우리는 분별의 은사가 우리의 개인적인 능력이 아님을 철저하게 알게 될 것입니다.

우리가 항상 의식해야만 할 것은 그리스도의 목적이 구원이지 심판이 아니라는 것입니다. 우리는 인간이 진정 필요로 하는 것의 본질을 찾아 좁고 숨겨진 길을 향해해 가도록 부르심을 받았습니다. 참으로 사람들을 도우려 한다면, 어린 양을 따르고 있음을 기억해야만 합니다.

이 같은 분별의 기초가 바로 놓여져야만 합니다. 왜냐하면 여러분이 분별하려 한다면 외부에 대해 반응이 없어야 하기 때문입니다. 통찰력을 가지려면 뻔하게 보이는 것들에 대해 스스로 눈을 감아야 합니다. 사람들이 여러분에게 반발하더라도 그들에게 응수해서는 안 됩니다. 여러분은 언제나 진정으로 용서하기를 계속해야만 합니다. 왜냐하면, 여러분들이 쫓아내려는 귀신들은 현재 자리잡고 있는 그 사람 자신으로 가장하고 그 사람의 목소리로 여러분에게 말하기 때문입니다. 여러분은 해를 가하는 영과 해를 받는 사람들을 분리해서 볼 수 있어야 합니다.

예수님은 그의 제자들을 준비시켜 적극적으로 용서하는 사람들이 되게 하셨습니다. 예수님은 자신을 실례로 들면서 "누구든지 말로 인자를 거역하면 사하심을 받으려니와 성령을 모독하는 자는 사하심을 받지 못하리라"(눅 12:10)고 말씀하셨습니다. 예수님은 제자들이 그에게 죄를 짓기도 전에 그들을 용서할 수 있는 마음을 준비하셨습니다. 주님은 자기의 사명이 그들을 정죄하는 것이 아니라, 그들을 위해 죽는 것이라는 것을 아셨습니다.

마찬가지로 우리도 그가 하신 일을 하도록 부름 받았습니다. 예수님은 말씀하셨습니다. "아버지께서 나를 세상에 보내신 것 같이 나도 그들을 세상에 보내었고"(요 17:18). 우리는 우리 자신이 죽음으로 다른 사람들이 살도록 부름 받았습니다. 그러므로 우리가 깨달아야 할 것은 우리의 통찰력이 자라기 위해선 먼저 우리의 사랑이 자라나서 평소에 용서하는 마음가짐을 가져야 된다는 것입니다. 하나님께서 우리에게 사람들의 마음 속을 보여주시고 또 우리를 쓰셔서 그들을 속박으로부터 풀어주시려 하신다면, 우리는 그들이 하는 말에 대해 반응해서는 안 됩니다. 우리의 지각이 그리스도 자신을 더욱 닮아가면서 사람들의 마음 속이 우리에게 드러날 때, 우리는 그들이 품고 있는 생각에서도 반응을 나타내서는 안 됩니다.

만일 우리가 하나님의 용서로 행하지 않는다면 우리는 심한 거짓으로 행하게 될 것입니다. 실제로는 "비판적인 마음"의 베일을 통해 보면서도 우리는 분별력이 있다고 생각할 것입니다. 우리는 우리의 약점을 알아야만 합니다. 왜냐하면 우리의 죄에 눈이 멀어 있으면서 사람들의 속을 분별해 보고 있다고 생각하는 것은 우리 자신의 모습을 반영한 것에 지나지 않을 것이기 때문입니다. 실로 사랑 안에서 행하지 않으면, 우리는 실제로 그리스도의 몸에 골칫거리가 될 것입니다

이것이 바로 예수님께서 다음과 같이 말씀하신 가르침의 골자입니다. "비판을 받지 아니하려거든 비판하지 말라 너희가 비판하는 그 비판으로 너희가 비판을 받을 것이요 너희의 헤아리는 그 헤아림으로 너희가 헤아림을 받을 것이니라 어찌하여 형제의 눈 속에 있는 티는 보고 네 눈 속에 있는 들보는 깨닫지 못하느냐 보라 네 눈 속에 들보가 있는데 어찌하여 형제에게 말하기를 나로 네 눈 속에 있는 티를 빼게 하라 하겠느냐 외식하는 자여 먼저 네 눈 속에서 들보를 빼어라 그 후에야 밝히 보고 형제의 눈 속에서 티를 빼리라"(마 7:1-5).

회개는 우리들의 시야를 가리는 "들보"를 치우는 작업입니다. 그러므로 이는 밝히 볼 수 있는 길의 참된 첫 걸음이 됩니다. 주님으로부터 이런 저런 일에 관해 분별하도록 주시는 말씀을 받고 있다고 생각하는 이들이 많이 있습니다. 아마도 어떤 경우에는 그럴 것입니다. 오직 하나님만이 아시지요. 하지만 많은 이들이 남을 비판하면서 이것을 분별이라고 말하고 있습니다. 예수님은 우리에게 비판하지 말라고 명령하셨습니다. 옛 언약에서 돌판 위에 율법을 쓰셨던 바로 그 영원하신 손길이 오늘 육신의 판 위에 하나님 나라의 법을 쓰고 계십니다. "비판하지 말

라"고 하신 이 말씀은 주님의 십계명과 똑같이 변할 수 없는 최종적인 말씀입니다. 말씀하시는 분은 여전히 하나님이십니다.

우리의 목표는 분명하게 보는 것입니다!

비판적인 육신의 생각은 늘 다른 사람에게서 자기 자신의 모습을 보면서도 이를 깨닫지 못하고 오히려 다른 사람들의 마음속을 분별하고 있다고 생각합니다. 예수님은 비판하는 사람을 가리켜 "외식하는 자"라고 하셨습니다. 주님은 우리가 다른 사람에 관해 생각하는 것을 완전히 그만두어야 한다고 말씀하신 것이 아닙니다. 주님은 우리가 서로 도울 수 있게 되기를 원하십니다. "비판하지 말라"는 예수님의 명령이 강조하는 바는 그가 결론으로 주신 말씀 가운데 요약되어 있습니다. "먼저 네 눈 속에서 들보를 빼어내라. 그후에야 밝히 보고 형제의 눈 속에서 티를 빼리라." 우리가 다른 이를 도울 수 있는 길은 그들을 비판하는 것이 아니라 그들의 문제를 밝히 봄으로써 입니다. 그런데 우리가 깊이, 철저하게 회개할 때까지, 즉 육신을 따라 판단하는 우리의 본능이 뿌리뽑힐 때까지 우리는 밝히 보지 못합니다!

우리는 예수님이 사람들에게 그들의 죄에 대해 말해주는 것이 그들의 눈에서 티를 빼는 것과 같은 것으로 비유하신 것을 보았습니다. 눈은 인체에서 가장 상처입기 쉽고 민감한 부분입니다. 여러분이 누군가의 눈에서 티를 빼려면 어떻게 합니까? 아주 조심스럽게 하지요! 여러분은 그들의 신임을 얻어야만 합니다. 이는 판단하지 않으며 본능적으로 정죄하지 않는 태도를 계속 보여주는 것을 뜻합니다. 사람들을 돕기 위해 우리는 밝히 보아야만 합니다. 우리는 그 사람의 시야에 장애물이 낀 것을 볼 수 있어야 하며 우리 사이에 믿을 수 있는 관계를 발전시킨 다음에 그들을 비판하거나 정죄함 없이 그들의 티를 제거해 주어야만 합니다.

만일 여러분이 정죄하지 않는 심령을 갖기를 구한다면, 또 여러분이 판단하는 본능을 참으로 십자가에 못 박는다면, 여러분에게 분별의 은사를 위한 참된 기초가 놓여지게 될 것입니다. 왜냐하면 여러분은 하나님으로부터 꿈, 환상과 계시의 말씀을 받도록 마음의 준비를 했기 때문입니다. 여러분은 인간의 편견과 부패한 마음으로 얼룩지지 않을 것입니다.

Chapter 11

거짓된 분별의 제거

The Three Battlegrounds

만일 여러분이 누군가에게 매우 중요하게 할 말이 있다면, 여러분은 말하는 동안 그들이 하던 일을 계속하게 두지 않을 것입니다. 여러분은 그들에게 주의를 집중해달라고 할 것입니다. 마찬가지로 하나님께서도 우리가 일손을 늦추며 잡음을 끄고 그에게 주목할 때까지 말씀하시지 않습니다. 참된 분별 가운데 행하려면 우리의 심령이 하나님 앞에 잠잠해야만 합니다. 우리는 듣는 법을 배워야만 합니다.

애쓰는 노력을 멈추고 먼저 알아야 할 것이 있다

하나님은 우리가 기다리고 듣는 법을 배우기를 원하십니다. 우리는 시편 가운데서 다음과 같은 주님의 명령을 읽습니다. "너희는 가만히 있어 내가 하나님 됨을 알지어다"(시 46:10). 먼저 하나님을 알고 그를 통하여 원수를 분별함 없이 우리는 영적 싸움에 나설 수가 없습니다. 모든 참된 분별은 분쟁을 중지한 심령, 개인적으로 당하는 영적 씨름의 불같은 시련 속에서조차 여호와께서 하나님 되심을 아는 심령을 통해서 옵니다.

우리의 분별력을 방해하는 "방해 전파 송신소"란 것이 있습니다. 우리의 생각과 반응이 하나님의 음성을 듣지 못하도록 차단합니다. 육신적인 생각의 발동기가 꺼질 때까지 우리는 참된 분별을 가질 수 없을 것입니다. 우리는 특정인에 대한 비판, 보복하려는 생각들과 자기 욕구에 대해 죽어야만 합니다. 실로 예수님은 말씀하시기를, "내가 아무 것도 스스로 할 수 없노라 듣는 대로 심판하노니"라고 하셨습니다(요 5:30). 주님은 스스로 무엇을 하려고 애쓰지 않으셨습니다. 우리 역시 성령의 음성을 듣는 법을 배워야만 합니다. 우리가 우리의 노력을 멈출 때 듣는 대로 바르게 판단하고 분별하게 됩니다.

넘치는 사랑에 분별이 따름

> 내가 기도하노라. 너희 사랑을 지식과 모든 총명(또는 판단력)으로 점점 더 풍성하게 하사(빌 1:9).

분별은 넘치는 사랑에서 옵니다. 넘치는 사랑이란 무엇입니까? 이는 우리로부터 다른 이에게로 흘러넘치는 사랑입니다. 이는 장기적인 헌신을 다짐하는데서 비롯된 사랑이며 또 희생적인 자비로 기름부음 받은 사랑입니다.

거짓된 분별은 불신과 의심과 두려움에 기초하고 있습니다. 여러분은 거짓된 분별을 둘러싸고 있는 냉랭함으로 이를 알아볼 수 있습니다. 거짓된 분별이 사랑의 모습으로 포장될 수도 있지만 그것은 사랑에서 비롯된 것이 아니라 비판하는 마음에서 온 것입니다. 참된 분별은 사랑 안에 깊이 뿌리 내리고 있습니다.

머리가 긴 한 젊은이를 원하는 대로 그려 보십시오. 그의 옷차림은 난잡하고 양팔에는 문신이 그려져 있습니다. 때는 밤이며 인적 없는 거리에서 그가 당신을 향해 걸어오고 있습니다. 우리는 그런 사람을 눈에 띄는 외모로 판단하기가 쉽습니다. 이제 같은 젊은이를 똑같은 환경 조건에서, 그러나 이번에는 그의 어머니의 입장에서 바라보십시오. 당신은 여전히 그의 외모를 볼 수 있습니다. 그러나 그를 볼 때에 그의 생애에 대한 통찰력과 장래에 대한 소망이 있습니다. 당신이 보고 있는 것은 아버지 없이 자라나는 한 소년이며 그의 친구들에게 종종 따돌림을 당하는 한 아이입니다. 당신은 이 아이에 대해 깊고도 헌신적인 책임감을 갖고 있는데 이는 사랑으로 뒷받침 된 것이며 당신이 해산의 고통을 겪으며 그를 낳은 이래 줄곧 지녀온 것입니다.

거짓된 분별은 개인 또는 어떤 상황의 외양을 보고 그 속을 아는 척합니다. 참된 분별은 경건한 동기를 갖는데서 옵니다. 경건한 동기는 헌신적인 사랑 안에 뿌리를 내리고 있습니다. 마찬가지로 하나님의 백성에 대한 그리스도의 마음을 모른다면 교회의 필요를 분별하는 우리의 능력은 피상적인 것일 뿐입니다.

예수님은 "외모로 판단하지 말고 공의롭게 판단하라"(요 7:24)고 말씀하셨습니다.

공의의 판단이란 사랑의 직접적인 결과입니다. 여러분이 어떤 개인이나 교회를 위해 사랑 안에서 기도할 수 없다면 참된 분별을 가졌다고

chapter 11 거짓된 분별의 제거···95

생각하지 마십시오. "사랑이 평강에 앞서며 평강이 통찰에 앞섭니다." 여러분의 마음에 사랑과 평강이 없다면 여러분의 판단은 지나치게 가혹하게 내려질 것입니다. 여러분이 얼굴에 웃음을 띤다 해도 마음은 너무도 많은 분노로 차 있을 것입니다. 거짓된 분별은 언제나 듣기는 더디 하나 말하기에 빠르고 노하기에 빠릅니다.

평강이 우리의 심령을 다스리게 하라

거짓된 분별 밑에는 정신적인 긴장, 곧 다른 사람들을 판단하도록 마음을 짓누르는 불안이 깔려 있습니다. 참된 분별은 조용하고도 맑은 심령, 지혜와 은혜가 담긴 하나님의 음성에 놀라움마저 갖게 되는 심령으로부터 나옵니다. 기억하십시오. 우리의 생각들은 늘 우리의 마음가짐으로 색칠됩니다. 예수님은 말씀하시기를, "마음에 가득한 것을 입으로 말함이라"고 하셨습니다(마 12:34). 그는 또 말씀하시기를, "속에서 곧 사람의 마음에서 나오는 것은 악한 생각"이라고 하셨고(막 7:21) 다시 말씀하시기를, "마음이 청결한 자는 하나님을 볼 것이요"라고 하셨습니다(마 5:8). 마음에 있는 것으로, 입은 말하고 눈은 보며 머리는 생각합니다. 실제로 잠언 4장 23절은 우리에게 말씀하십니다. "생명의 근원이 이(마음)에서 남이니라."

생명은, 우리가 아는 바와 같이, 우리 마음의 상태에 기초하고 있습니다. 이것이 매우 중요한 것은 성령의 은사들이 우리 주위의 세상에 나타나기 전에 우리 마음을 통과해야만 하기 때문입니다. 달리 말해서, 우리의 마음이 바르지 않으면 은사들 또한 바르지 않으리라는 것입니다.

불안한 마음은 하나님의 음성을 들을 수 없습니다. 그러므로 우리는 우리의 마음이 상처받은 감정, 분노, 야심에 차 있거나 무슨 까닭에서든지 불완전한 감정을 품고 있을 때 우리의 판단을 "불신"할 수 있어야 합니다. 성경은 우리에게 말씀하시기를 "그리스도의 평강이 우리의 마음(심판자로서 행동)"을 주장하게 하라고 하십니다(골 3:15). 하나님으로부터 분명하게 들으려면 우리는 먼저 평강을 가져야만 합니다.

솔로몬은 "한 손에 가득한 평온함이 두 손에 가득한 수고하며 바람을 잡으려(애쓰)는 것보다 나으니라"고 기록했습니다(전 4:6). 우리의 마음속에는 너무나 많은 수고와 고생과 바람을 잡으려고 심히 애쓰는 노력으로 차 있습니다. 우리가 분별을 원한다면 우리는 적극적인 평온함을 가져야만 합니다. 이는 소극적인 마음의 상태가 아니요 기대에 차서 하나님께 초점을 맞추고 그를 기다리는 것입니다. 분별은 영의 세계에서 우리가 그리스도께 민감할 때 찾아옵니다. 이는 우리의 동기가 사랑에서 비롯되며, 마음에 있는 평강, 또 하나님을 향하여 준비된 자세로 기다리는 마음가짐에서 비롯됩니다. 하나님께서 이렇게 준비하신 삶을 통하여 분별의 은사는 나타납니다.

Chapter 12

무너진 곳을 보수하는 자들

The Three Battlegrounds ─────────

네게서 날 자들이 오래 황폐된 곳들을 다시 세울 것이며 너는 역대의 파괴된 기초를 쌓으리니 너를 일컬어 무너진 데(틈)를 보수하는 자라 할 것이며, 길을 수축하여 거할 곳이 되게 하는 자라 하리라(사 58:12).

성도들이 함께 모임

참된 기독교계의 대부분이 보통 교회의 "휴거"라고 불리는 교리를 함께 받아들입니다(살전 4:16). 또 이 사건의 때를 둘러싸고 연구와 논쟁이 계속되지만, 성경 말씀은 우리에게 예수님이 다시 오시기 전에 이 일이 있을 것을 확실히 말해줍니다.

그러나 휴거가 있기 전에 특별한 은혜의 때가 있을 것이며, 이때에 예수 그리스도의 산 교회는 신부처럼 "예비"하게 될 것입니다(계 19:7). 이 전무후무한 준비 기간에 그리스도 안에 살아 있는 이들은 예수님 자신이 행하셨던 수준의 거룩함과 흠 없는 영성을 갖추게 될 것입니다(살전 3:11-13, 엡 5:26-27, 빌 1:9-10).

이처럼 새로운 수준의 거룩함은 새로운 수준의 연합을 이루게 할 것입니다. 흠잡기와 수군수군하는 뒷공론은 사라질 것입니다. 중보의 기도와 사랑이 이들을 대신할 것입니다. 교회가 다시 온전케 될 것입니다. 이는 또한 오늘날 우리가 교회 사이에서 보는 다툼과 분열이 죄로 간주되며 예수님이 다시 오시기 전에 회개될 것을 뜻합니다.

이 메시지의 진리는 명확히 전해져야 합니다. 왜냐하면 대개의 그리스도인들이 예수님이 다시 오시기 전에는 그리스도의 몸이 하나가 되는 것을 생각조차 할 수 없는 것으로 여기기 때문입니다. 그들은 신자들이 교회 안의 다툼과 파벌주의를 용납하도록 만든 적그리스도의 영을 분별하거나 이에 맞서 싸워본 일조차 없습니다. 궁극적으로 휴거 될 교회는 다툼이나 육신적인 분열이 없는 교회일 것입니다. 교회는 신랑을 위해 준비되어서, "주름도 흠도 없는"(엡 5:27, 계 19:7) 신부가 될 것입니다.

휴거 때에 우리의 몸은 변화 받을 것입니다(고전 15:52). 그러나 우리의 성품 곧 그때까지 변화되어 온 우리 모습의 실체는 그대로 남아 있을 것입니다. 그때에는 후회함이나 어떻게 저런 교회의 저런 사람들이 구원을 받았는가 하며 이상해 하는 일이 없을 것입니다. 왜냐하면, 살아 있는 주님의 신부는 사랑 안에서 함께 세워진 교회, 모이는 건물은 다르나 한 주님을 섬기는 교회가 될 것이기 때문입니다. 주 예수의 참 제자들은 개개 지역교회 모임뿐 아니라, 범 도시적 교회라는 상황 속에서 열정적이고 거룩한 사랑으로 서로서로를 사랑함으로 알려지게 될 것입니다.

"휴거"의 성서적 용어가 "(함께) 모임"인 것은(살후 2:1, 마 24:31) 매우 의미가 깊습니다. 우리가 주 앞에 몸으로서 함께 모이는 심판의 때가 오기 전에 이 땅에서 주의 몸이 영적으로 함께 모이는 일이 선행될 것입니다. "세상 끝"에 관해서 예수님은 "좋은 물고기"는 "그릇에 담고"라고 가르치셨습니다(마 13:48). 또 영적 싸움을 배경으로 하여 예수님은 다음과 같이 경고하셨습니다. "나와 함께 모으지 않는 자는 헤치는 자니라"(마 12:30).

주님의 양들 가운데 이처럼 헤치고 분열시키는 현상이 그토록 오랫동안 계속되어 지금까지 이르게 된 것으로 족합니다. 예수님은 주님의 몸을 치유하고 하나되게 하시기로 마음을 정하셨습니다. 이에 관해서 주님은 선지자 예레미야를 통해 침울한 경고의 말씀을 주셨습니다. "나 여호와의 말씀이노라 내 목장의 양 떼를 멸하며 흩어지게 하는 목자에게 화 있으리라!"(렘 23:1) 예수님은 그의 몸 안에 있는 육신적인 분파를 기뻐하지 않으십니다! 진실로 심판의 때가 있을 것이며 그 때가 곧 임할 것인데, 주의 나라를 세우기 위하여 함께 일하지 않고 계속 자신들의 왕국을 세워 온 목사들을 주님께서 심판하실 것입니다. 그들에게 주님은 말씀하십니다. "내가 너희의 악행 때문에 너희에게 보응하리라"(렘 23:2).

요한복음 10장에서 주님은 그의 목적을 분명히 하십니다. "한 무리가 되어 한 목자에게 있으리라"(요 10:16). 주님은 "양을 늑탈하고 또 헤치는 것"이 바로 이리의 본성이며, 흩어지는 일이 일어나도록 놔두는 것이 삯군의 본성임을 밝히십니다. 그러나 주님께서 주님의 양들에게 주신 약속은 이렇게 말합니다. (그런 다음) 내가 내 양무리의 남은 자를 모아내어 그들이 번창하여 큰 무리가 될 것이며 내가 기르는 목자들을 그들 위에 세우리니 그들이 다시는 두려워하거나 축이 나지 아니하리라"(렘 23:3-4 현대어 성경).

마지막 때에 그리스도의 몸된 교회의 목사들은 주 예수 밑에 있는 부목사들이 될 것입니다. 그들은 주님의 남은 자들을 함께 모으기 위하여 기름부음을 받을 것이며 그 기름부음 아래에서 "번창하여 큰 무리가 될 것"입니다.

실로, 바로 지금 우리가 스스로 겸비하며 주님의 뜻에 우리의 마음을 순복하고 있다면, 우리는 "함께 모으시고" 계신 무리에 들어 있는 것입니다. 또 이 과정은 점진적으로 확대되어 마침내 형제들 사이에 막힌 담들이 모든 어려움을 이겨내는 참된 그리스도의 사랑에 의해 서서히 허물어질 것입니다. 예수님이 다시 오시기 전에 우리는 진실로 "한 무리가 되어 한 목자에게 있을 것"입니다. 우리는 다른 건물들에서 모이지만 한 몸으로 세례 받은, 거룩하고 흠 없는 양무리가 될 것입니다.

무너진 곳을 비판하지 말고 보수하라!

주 여호와의 말씀에 본 것이 없이 자기 심령을 따라 예언하는 어리석은 선지자에게 화 있을진저 이스라엘아 너의 선지자들은 황무지에 있는 여우 같으니라 너희 선지자들이 성 무너진 곳에 올라가지도 아니하였으며 이스라엘 족속을 위하여 여호와의 날에 전쟁에서 견디게 하려고 성벽을 수축하지도 아니하였느니라(겔 13:3-5).

하나님은 범 도시적 교회의 성벽에 갈라진 틈을 보고 그 무너진 곳에 올라가서 교회가 전투의 날에 대적할 수 있도록 성벽을 개축하는 사람들을 필요로 하십니다. 모든 도시, 읍과 마을에서 전투의 날에 대적할 수 있기를 원한다면 여러분은 다른 교회들이 필요합니다.

여러분은 이렇게 생각할지 모릅니다. '당신은 이해하지 못합니다. 내게는 마지막 때에 있을 하나님의 움직임에 관해 받은 계시가 있지요. 저런 교회들은 예수님을 거의 믿지 않는걸요.' 하나님의 말씀은 우리에게 폐일언하고 "낮은 자가 높은 자에게서 축복을 받느니라"(히 7:7)고 하십니다. 여러분이 진실로 "높은 자"라면 다른 교회에게 축복이 되는 길을 찾을 것입니다. 그리스도를 닮은 여러분의 사랑이 두려움을 쫓아낼 것입니다. 여러분은 진실로 그리스도의 몸 전체, 단지 여러분의 개체 교회가 아닌 몸 전체의 세워짐을 바라며 이를 위해 짐을 지게 될 것입니다. 참으로 예수님은 우리 중에 가장 큰 자는 "섬기는 자"라고 말씀하셨습니다(막 9:35).

여러분이 있는 도시의 어느 한 교회가 예수님을 믿고 고백한다면, 여러분은 서로를 필요로 하고 서로를 섬겨 그곳에서의 하나님의 사역을 완성해야만 합니다. 여러분이 매일, 또는 매주 연합 기도 모임을 가질 때 하나님께서 다른 이들을 준비시키는 것을 보고 놀라게 될 것입니다. 가르치려하거나 모임을 인도하려는 자세로 가지 말고 사랑하고 섬기려는 자세로 가십시오. 이 과정에서 하나님은 인도자들을 찾고 계시는 것이 아니라 주 예수 그리스도를 따르는 자들을 찾고 계십니다.

우리가 주님의 뜻에 우리 자신을 맞추지 않는다면 우리는 원수를 대적할 수가 없습니다. 진실로 우리의 사는 날은 평화의 날이 아니라 전쟁의 날입니다. 하나님은 단지 우리를 하나님께로, 또 우리 서로서로에게로만 모으시는 것이 아니라 악의 영들을 대적하는 모든 지역의 전선으로도 우리를 모으십니다. 그러므로 우리 사이에 무너진 틈은 메워져야 하고 성벽은 세워져야 하며 우리는 주의 날에 함께 서는 것을 배워야 합니다.

당신이 그 사람이 되라

교회의 잘못을 찾으려고 신학교에 다닐 필요는 없습니다. 사실 기억하신다면, 여러분은 그리스도인이 되기 이전에도 교회의 잘못을 찾을 수 있었습니다. 잘못을 찾는 데에는 기술이 필요 없습니다. 그러나 여러분이 그리스도를 닮기 원한다면 여러분은 사람들의 죄를 위해 죽어야만 합니다. 여러분은 "벌어진 틈 사이에 서 있는" 또는 몸으로 막는 중보자가 되어야 합니다. "벌어진 틈"이란 현재의 형편과 나아가야 하는 목표 사이의 거리를 말합니다. 그 틈에 몸으로 막고 서서 형제들을 참소하는 자를 쫓아내고 중보의 기도를 하십시오! 무언가 잘못된 것을 보셨습니까? 이는 오로지 주께서 여러분이 벌어진 틈을 몸으로 막고 서서 중보의 기도를 하며 그것이 변화되는 것을 보기 원하시기 때문입니다. 이것만이 유일한 이유입니다.

우리 중 어떤 이들은 "우리들을 그리스도의 충만하심 가운데로 인도할 사람들이 어디에 있습니까?"라며 여러 해 동안 울부짖었습니다. 우리는 하나님께서 주님의 목적을 이루기 위해 다른 이들을 마음에 두신 것으로 생각해 왔습니다. 그러나 주님은 말씀하십니다. "너희들이 사람들이 찾고 있는 남종과 여종이 되어라." 여러분이 화평케 하는 자들, 교회를 치유하고 질서를 바로 세울 하나님의 아들들이 되십시오.

책임은 우리 각자에게 있습니다. 우리 앞에는 우리가 해야 할 엄청난 일이 있습니다. 주님 자신이 약속하셨습니다.

"네게서 날 자들이 오래 황폐된 것들을 다시 세울 것이며 너는 역대의 파괴된 기초를 쌓으리니 너를 일컬어 무너진 데를 보수하는 자라 할 것이며 길을 수축하여 거할 곳이 되게 하는 자라 하리라"(사 58:12).

우리 모두 헌신적인 믿음으로 우리의 목숨을 바쳐, 우리의 일생 중 이 땅 위에서와 우리의 지역사회 속에서 예수 그리스도의 공동 교회가 회복되어 단합되고 거룩해지도록 노력합시다!

Chapter 13

예배자들로 구성된 하나님의 군대

The Three Battlegrounds

성경 말씀이 "천군"이라고 할 때 우리는 보통 "천사들의 성가대"를 생각합니다. 성경에서 "군-host"이라는 단어는 "군대"를 뜻합니다(수 5:13-14). 천군이 경배하는 군대들임을 인식합시다. 실로 먼저 하나님의 예배자가 되기 전에는 아무도 영적 전투에 임할 수 없습니다.

대 환난 시의 중요한 이슈 : 예배

우리는 요한계시록을 깊이 파고들지 않아도 하나님께서 그리고 마귀도 예배자들을 찾고 있음을 발견합니다(계 14:7, 7:11, 13:4, 14:11). 거듭 계속하여 "짐승과 그 우상"을 경배하는 자들과 하나님을 경배하는 자들 사이에는 선이 그어집니다.

우리가 먼저 알아야 할 것은, 예수님이 다시 오시기 전 마지막 대 전쟁에서 모든 인생의 결말이 예배의 저울대 위에 올라가 달려지게 될 것이라는 점입니다. 영적 싸움과 전투 속에서 우리가 누구에게 절할 것인가? 하나님인가 사탄인가?

　이 싸움의 절정에서 주의 나라가 이 땅 위에 이루어질 것이나(계 11:15), 우리는 이 싸움의 핵심이 바로 오늘 우리가 싸우고 있는 영적 싸움의 중심적인 요점임을 깨달아야 합니다. 사탄의 공격과 시험 속에서도 우리는 하나님을 신실하게 경배할 것인가? 우리는 매일의 우리 삶 속에서 참된 경배를 지금 보여주어야만 합니다. 왜냐하면 그 누구도 전초전에 지나지 않는 오늘의 작은 문제들을 놓고 불평하면서, 내일의 큰 전투 가운데서 참된 경배를 할 수 있는 사람은 없기 때문입니다.

　주님께서 이스라엘을 부르신 것은 그들로 하여금 광야에서 주님을 경배하고 섬기도록 하기 위한 것이었음을 기억할 것입니다(출 7:16). 실로 모세가 하나님의 사랑과 관심에 대해 처음 말하였을 때, 우리가 읽기로는 히브리인들이 "머리 숙여 경배하였더라"고 했습니다(출 4:31). 그러나 고난과 현실의 어려움이 닥쳐오자 그들은 즉시 투덜대고 불평하며 노골적으로 반항하였습니다. 그들의 경배는 피상적이었고 경배하는 마음이 없는 한낱 형식 뿐이었습니다.

　이와 똑같이 천박한 예배가 오늘날 대부분의 기독교계에 지배적인 형편입니다. 주님께서 그의 백성들을 크신 사랑으로 돌보신다는 메시지를 받았다면 우리는 분명 열렬하게 엎드려 경배할 것입니다. 그러나 하루하루 삶의 어려움이 커지거나 시험이 닥치자마자 우리는 얼마나 재빨리 하나님께 반항하고 우리를 다루시는 하나님의 손길에 저항을 하는지요! 하나님께 대한 참된 예배로 보호 받지 못하는 영혼에게는 원수가 쉽게 접근할 수 있습니다! 자기 백성을 광야에 두신 하나님의 목적은, 주위의 사정이 아니라 하나님의 실재에 기초한 참된 경배를 온전케 하시려는 것이었습니다. 광야의 역경 속에서 주님을 경배하는 심령은 풍요한 약속의 땅에서도 계속 경배할 것을 주님은 아십니다.

하나님께 대한 참된 예배가 없이는 싸움에서의 승리란 있을 수 없습니다. 왜냐하면 우리가 사탄의 공격이나 힘겨운 상황으로 상처를 입을 때, 우리가 흘리는 피가 어떤 것이냐 하는 것이 우리의 경배를 재는 참된 척도가 되기 때문입니다. 보십시오, 우리가 어려움을 겪는 동안에 우리 마음에서 나오는 것들은 원래 우리 속에 있던 것으로 다만 평안할 때에는 숨겨져 있었을 뿐입니다. 여러분이 참 예배자라면 어떤 전투에서라도 여러분의 영으로부터 하나님께 드리는 참된 경배가 끊임없이 흘러 나올 것입니다. 영적 싸움에서 경배는 영혼을 둘러싼 성벽이 됩니다.

예배를 통해 마음을 지키라

우리들 대부분은 인간 영혼의 구성과 상호작용에 대해 초보적이나마 이해하고 있습니다. 혼은 "생각, 의지, 그리고 감정"의 결합으로 된 것이라고 우리는 배웠습니다. 일반적으로 원수가 교회를 대적해 올 때에 이 셋 중 어느 한 부분을 목표로 삼습니다. 우리는 이 세 부분을 지키는 것이 사탄을 대적하는 우리의 전쟁에서 결정적으로 중요하다는 것을 알아야 합니다.

이 전투의 성격을 보다 더 밝히기 위해서 혼의 정의에 대해 덧붙일 것이 있습니다. 혼은 사건들과 사건들을 대하는 우리의 반응들로 되어 있습니다. 지금의 우리가 누구인가는 삶 속에서 이제껏 부닥친 일들과 그에 따른 우리의 반응들을 합쳐 놓은 것입니다. 학대와 역경이 우리를 내려치는 한편, 또 격려와 칭찬이 우리를 우쭐하게 합니다. 사건이 긍정적이든 부정적이든 간에 각 사건에 대해 보여주는 우리의 반응이 우리의 개성을 창조하는 골수 안으로 부어져서 우리 성품의 본질 속으로 섞여 들어가게 됩니다.

우리가 "기억"이라고 부르는 것은 실제로 우리의 영이 우리의 혼의 실체를 바라보는 것입니다. 거의 예외 없이, 우리가 가장 잘 기억하는 사건들은 우리의 모습에 가장 많은 영향을 끼칩니다. 실로 우리의 머리 속에서 어떤 사건들을 잊지 못하는 까닭은 그 경험들이 우리 성품을 이루고 있는 한 부분이 되어버렸기 때문입니다.

과거가 오늘의 우리를 빚습니다. 하지만 우리는 "뒤를 돌아보지 말라" 또, "뒤에 있는 것은 잊어버리라"는 명령을 받았습니다(빌 3:13, 눅 9:62, 히 11:15). 하나님께는 이것이 불가능하지 않습니다. 왜냐하면 비록 우리 삶 속의 사건들은 돌이킬 수 없지만, 그 사건들을 대하는 우리의 반응은 여전히 변화될 수 있기 때문입니다. 또 우리의 반응이 변할 때, 우리도 변하는 것입니다. 말하자면, 비록 우리가 과거를 바꿀 수는 없지만, 하나님께 드리는 예배의 행위로써 우리의 과거를 "제단" 위에 바칠 수는 있습니다. 경배하는 마음은 참으로 하나님께서 영혼을 회복하시도록 맡겨 드리는 것이 됩니다.

우리 모두는 선과 악, 두 가지 다 얼마씩은 세상으로부터 받아들입니다. 그러나 참된 삶을 위해서는 생명의 본체가 되시는 하나님께서, 우리의 경험 안으로 손을 내미시고 우리의 부정적인 반응들로부터 우리를 구속하셔야만 합니다. 주님께 대한 우리의 사랑과 경배의 채널을 통해 주님은 우리에게, 우리의 과거 속으로까지, 자신의 손길을 뻗치십니다.

"우리가 알거니와 하나님을 사랑하는 자 곧 그의 뜻대로 부르심을 입은 자들에게는 모든 것이 합력하여 선을 이루느니라"(롬 8:28). 이 말씀을 이루어지게 하는 열쇠는 우리가 영으로 하나님을 사랑하는 자들이 되는 것입니다. 우리 자신을 드려 하나님을 사랑하게 될 때, 우리의 삶 가운데 지나간 모든 일들이 그 사랑 안에서 씻음을 받습니다. 지난 일들이 구속함을 입어 우리 안에서 선하게 됩니다.

그러므로 우리가 참된 경배자가 되어야 한다는 것은 우리 영혼의 구원과 영적 싸움에서 우리를 지키는 일 모두를 위해 필수적입니다. 왜냐하면, 경배는 우리를 태우고 역경의 파도를 안전하게 지나게 하는 방주이기 때문입니다.

시편 84편은 예배가 영혼에 끼치는 놀라운 결과를 하나님께 드리는 찬양 속에서 그리고 있습니다. "주께 힘을 얻고 그 마음에 시온의 대로가 있는 자는 복이 있나이다! 그들이 눈물 골짜기로 지나갈 때에 그곳에 많은 샘이 있을 것이며 이른 비가 복을 채워 주나이다"(시 84:5-6).

여러분이 하나님을 "늘 찬양"(4절)한다면 하나님께 드리는 여러분의 경배가 원수로부터 오는 부정적인 반응을 바꾸어 여러분을 새롭게 할 달콤한 샘물이 될 것입니다. 경배자에게는 어떤 일이 닥칠지라도, 그들의 "눈물 골짜기"가 항상 축복으로 덮일 샘이 될 것입니다. 여러분이 먼저 하나님의 경배자가 되기 전에는 영적 싸움에 성공적으로 임할 수도 없고 광야의 삶을 안전하게 통과할 수도 없습니다.

예배 : 창조의 목적

우리는 하나님을 기쁘시게 하기 위해 창조되었습니다. 우리는 우리 자신을 위해서가 아니라 하나님을 위해 살도록 창조된 것입니다. 하나님은 우리가 주님의 선물과 그의 백성 됨을 즐기기 원하시는 반면, 주님의 기쁨을 위해 우리가 창조되었다는 것을 알기 원하십니다. 이 세대의 마지막 때에, 주님은 하나님을 기쁘시게 하는 것으로 삶의 목적을 삼는 자기 백성을 갖게 될 것입니다. 그들은 하나님의 예배자들입니다. 그들은 이 땅에서 하나님만을 기쁘시게 할 것이며, 하나님이 기뻐하실 때 그들 또한 기뻐할 것입니다.

주님은 그들을 다른 사람들보다 더 많은 고통과 고난 속으로 인도하십니다. 겉으로 보기에 그들은 "하나님께 맞으며 고난을 당하는 것"(사 53:4)처럼 보일 것입니다. 하지만 하나님께는 그들이야말로 그가 사랑하시는 자들입니다. 그들이 상함을 받을 때에, 상처 입은 꽃잎에서처럼, 그들에게서 흘러나오는 경배는 너무도 아름답고 귀한 향기로 가득하여 천사들도 경외에 찬 눈으로 그들이 주께 자신을 잠잠히 맡겨 순복하는 것을 지켜보며 조용히 눈물을 짓습니다. 그들이야말로 하나님의 창조의 목적입니다.

사람들은 하나님께서 그들이 상처받지 않도록 지키시고 보호해주실 것으로 생각합니다. 그런데 보호받기는커녕 그들은 다른 사람들보다 더 상처를 입습니다. 실로 주님께서는 그들을 상하게 하고 슬픔을 당하게 하시기를 즐겨하시는 것 같습니다. 이는 그들의 육체적인 고통과 마음의 고통 가운데서 그리스도를 향한 그들의 충성심이 더욱 깨끗하고 온전케 되기 때문입니다. 또 핍박 앞에서 하나님을 향한 그들의 사랑과 경배가 아낌없이 모두 바쳐지게 되기 때문입니다.

모든 그리스도의 종들이 그처럼 온전히 주께 자신을 드려 순복한다면 좋으련만! 그래도 하나님은 우리 모두를 기뻐하십니다. 그러나 그 나라가 임할 날이 다가오고, 이 세대의 마지막에 있을 싸움이 점점 심해질 때, 오직 하나님을 향한 예배만을 위하여 창조 받은 이들은 그리스도의 능력과 영광 가운데 나타날 것입니다. 그들은 입으로 하나님을 높이 찬양함으로 주님의 원수들에게 기록된 심판을 집행할 것입니다(시 149). 그들은 예배자들로 구성된 주님의 군대를 지휘하는 장군들이 될 것입니다.

Chapter 14

형제들의 참소자를 쫓아냄

The Three Battlegrounds

누군가가 "하나님의 나라가 어떻게 오며 또 어떤 사람들이 하나님의 나라를 소유하게 될 것인가? 라고 물을지도 모릅니다. 그 나라는 기도의 능력을 알고 사랑의 동기를 가진 백성 가운데 나타날 것입니다. 왜냐하면 그들은 서로의 부족함을 볼 때, 비판하는 대신 범사에 그들의 머리가 되신 주님의 모습으로 변화될 때까지 중보의 기도를 하기 때문입니다.

하나님 나라가 어떻게 임하는가?

"이제 우리 하나님의 구원과 능력과 나라와 또 그의 그리스도의 권세가 나타났으니(임하였으니) 우리 형제들을 참소하던 자 곧 우리 하나님 앞에서 밤낮 참소하던 자가 쫓겨났고"(계 12:10).

하나님의 구원과 능력과 나라가 그리스도의 권세와 함께 땅 위에 나타날 날이 있을 것입니다. 우리가 그 영광스러운 사건이 이루어지는 날을 참고 기다리는 동안, 이 영원한 실체 곧 하나님 나라의 정신은, 사람들이 비판과 흠잡으려 하지 않고 그들의 시선을 순결과 사랑 그리고 서로를 위한 기도로 돌리기로 작정하기만 하면 언제나 소유할 수 있도록 되어 있습니다.

교회 안에서 징계를 제안하려면 하나님께서 정하신 절차를 따라야 합니다. 이러한 징계는 다음과 같은 사람들이 맡아야 합니다. "신령한 너희는 온유한 심령으로…너 자신을 살펴보아 너도 시험을 받을까 두려워하라." 여러분의 동기는 "그러한 자를 바로 잡기" 위한 것이어야 합니다(갈 6:1). 그러나 장로에 대한 송사는 두세 증인의 뒷받침이 없으면 받지도 말아야 합니다(딤전 5:19). 여기서 말하는 "증인"이란 현장을 목격한 증인이지 누군가가 확실하고 눈에 보이는 사실과는 엉뚱하게 다른 것을 받았다고 하는 소위 "영적 증인"이 아닙니다. 너무나도 자주 보는 일이지만, 이렇게 내세우는 "증인들"은 소문과 수군거리는 뒷공론으로 교회의 화합을 깨기 위해 사탄이 보낸 사신들입니다.

잘못된 상황을 바로 잡도록 성경이 제시하고 있는 방법이 무시될 때 흠잡기, 육신적인 비판과 판단의 문이 활짝 열리게 되며 이렇게 될 때, 이는 "형제들을 참소하던 자"(계 12:10)가 교회를 공격하고 있다는 증거가 됩니다. 이 같은 죄악이 활동하고 있는 곳에는 성령의 움직임이 제한을 받게 됩니다. 따라서 구원의 역사가 거의 일어나지 않으며 능력은 미미하고 영적 권위가 불구가 되어 힘을 잃습니다. 이런 교회는 심각한 위험에 처하게 됩니다.

교회에는 반드시 징계가 필요합니다. 하지만 어떤 교회에서 그리스도의 징계를 하려면, 우리는 그리스도의 구속의 동기로 기름부으심을 받아야만 합니다. 성경 말씀은 분명합니다. 예수님은 "항상 살아 계셔서 그들을 위하여 간구하심이라"(히 7:25, 롬 8:34 참고). 하나님의 아들은 이 땅을 심판하기 위해서가 아니라, 이 땅을 구원하기 위해서 오셨습니다(요 12:47 참고). 하나님께서 우리를 부르신 것은 서로 판단하도록 하기 위한 것이 아니요 서로를 위해 기도하도록 하기 위한 것입니다. 그리스도의 몸 안에 부족함이 눈에 띌 때 우리는 중보의 기도를 해야지 그저 비판만 해서는 안 됩니다. 우리가 따라야 할 모범은 세우시고 회복시키시는 그리스도여야 하며, 흠을 찾아 형제들을 참소하는 자의 소리를 되풀이해서는 안 됩니다.

  몇 해 전에, 저는 하나님으로부터 참된 비전을 갖고 있지만 여러 가지 심각한 문제들 역시 갖고 있던 전국적인 기독교 조직에 소속해 있었습니다. 그때 저는 한 작은 교회의 담임목사로 있었는데, 그 조직의 잘못된 것으로 인해 그 조직을 떠나야겠다고 생각했습니다. 저는 온 성도들과 함께 이따금 금식도 하며 사십 일간 주님께 기도하기 시작했습니다. 사십 일이 끝날 때 저는 불평 "목록"을 적어들고 하나님 앞에 나아가 기도하기를, (어느 정도 자기 의를 드러내며) "주님 이 사람들이 저지른 잘못을 보십시오. 주님, 우리가 갈 길을 보여주십시오. 어떻게 해야 합니까?"

  주님께서 즉시 응답하셨습니다. "네가 이것들을 보았느냐?"

  "그럼요, 주님 제가 그들이 지은 죄를 보았습니다"라고 저는 대답했습니다.

  이에 대해 주님은 말씀하시기를, "그래, 나도 보았다. 그러나 나는 그들을 위해 죽었다. 너도 가서 이와 같이 하라." 그날 이래 저는 어디서 하나님을 섬기든지 하나님으로부터 은혜를 받아 생명과 기도의 근원이 되기를 구할 수 있게 되었습니다.

보십시오. 우리는 늘 이런 저런 잘못이 있는 교회에서 섬기기 마련입니다. 우리가 보는 것에 대해 어떻게 반응하느냐가 우리가 실제로 얼마나 그리스도를 닮고 있느냐를 밝혀줍니다. 우리가 그리스도의 몸 안에서 연약함을 보게 되면 우리의 사명은 힘을 공급하는 것입니다. 우리가 죄를 보게 되면 우리의 반응은 덕의 본이 되는 것입니다. 두려움을 발견할 때 용기를 주며, 세상적인 것이 자리 잡은 곳에서 거룩함을 드러내야만 합니다. 우리의 사명은 중보기도의 자리에 들어가서 그리스도의 몸이 기도하는 분야에서 온전히 세워질 때까지 그 자리를 지키는 것입니다.

사탄이 하나님의 보좌 앞에 있을 수 있는가?

에베소서 2장 6절은 우리가 일으킴을 받아서 "그리스도 예수 안에서 함께 하늘에" 앉힘을 받았다고 말씀합니다. 우리가 이해해야 할 것은, 우리의 몸과 혼은 이 땅 위에 머물러 있는 반면, 우리의 영은 성령을 통하여 하늘에 계신 그리스도와 직접적인 교제에 들어가 있습니다. 이 자리로부터 우리는 하나님의 은혜의 보좌 앞으로 담대히 나아갈 수 있고 기도와 경배를 통해 하나님의 참된 성소 안으로 들어갈 수 있습니다(히 4:16, 10:19-20, 마 5:8, 골 3:1-5 참조).

우리가 그리스도와 함께 앉은 위치와 관련된 진리를 뒷받침해주는 많은 성경구절들이 있습니다. 우리가 이 점을 이해하는 것이 중요합니다. 왜냐하면, 우리는 이제 많은 성도들에게 혼란의 원인이 되어 온 한 교리를 검토해 보려고 하기 때문입니다. 사탄도 하늘나라에 있는가? 그가 실제로 하나님의 보좌 앞에 서 있는가?

요한계시록을 공부해 보십시오. 그러면 하나님의 보좌를 묘사한 대목에서 사탄을 찾아볼 수 없을 것입니다(계 4장). 히브리서 12장과 하늘의 예루살렘에 관한 강론이 담긴 대목을 조사해 보십시오. 다시금 하늘나라에서 사탄을 보지 못할 것입니다. 이를 보다 더 강조하기 위해 캐나다 토론토에서 가졌던 한 가정 집회 중에 일어났던 일을 말씀드리겠습니다. 우리가 주님 앞에서 깊은 경배를 드리고 있었을 때, 성령께서 우리 각자의 눈을 열어, 각기 정도의 차이는 있었지만, 하늘나라에 있는 예루살렘의 모습을 보여 주셨습니다. 우리가 본 세계는 어두움이나 사망이 없는 곳이었습니다. 모든 것이 하나님의 생생한 영광에 잠겨 있었습니다. 그곳에는 해나 그 어떤 다른 빛이 전혀 필요 없었습니다. 왜냐하면 모든 것에 생동감이 넘쳤고 모든 것 안에는 하나님의 찬란한 빛이 있었기 때문입니다. 우리는 많은 것을 보았습니다. 그러나 제가 말하려는 요점은 하늘나라에는 어두움이나 사탄이 없다는 것입니다.

그렇다면 사탄은 어디에 있단 말입니까? 유다서는 우리에게 말씀하기를, 마귀와 그 밑에 있는 귀신들이 옥에 갇혔다, 영적으로 말해서 "영원한 결박"의 사슬에 매여 "심판까지 흑암"에 갇혔다고 합니다(유 1:6). 사탄은 흑암 아래 갇혔습니다. 성경은 하늘에 계신 아버지, "그에게는 어둠이 조금도 없으시다"(요일 1:5)고 하십니다. 그분이 마귀로 하여금 영원한 경배의 자리에 뛰어들어 그의 아들이 생명을 주신 바로 그 교회를 참소하도록 내버려 두신다는 생각은 상상조차 할 수 없는 일입니다.

그렇다면 사탄이 하늘나라에 있는 것을 암시하는 성경 구절들을 어떻게 설명합니까? 첫째로, 성경에는 "하늘-heaven"로 알려진 세 가지 다른 세계가 나오는 것을 이해해야 합니다.

첫째로, 가장 흔히 말하는 하늘은 하나님과 천사들과 구속함을 입은 자들의 영원한 처소입니다. 다음으로, "하늘"이란 낱말은 자연계의 하늘(영어에서)을 나타내는 말로 쓰입니다. 즉, "하늘이 하나님의 영광을 선포하고"(시 19:1). 그러나 성경이 말씀하기를, 사탄이 "하늘" 또는 "하늘의 처소"에 있다고 할 때(엡 6:12, 계 12:11, 눅 10:18), 우리는 그것이 영계를 가리키는 것으로 믿습니다. 인간의 의식을 바로 둘러싸고 있는 이 "하늘"은 사탄이 자리잡고 그로부터 세상을 지배하려고 하는 영적인 "영역"입니다. 이러한 영역을 우리가 분수에 넘게 안다고 생각하는 것이 어리석은 일이지만 우리가 아는 한 가지가 있습니다. 바로 여기서부터 사탄은 교회를 대적하는 전쟁을 시작합니다.

사탄이 가장 높은 하늘에 있지 않은 것이 사실이라면 어떻게 그가 성도들을 "하나님의 보좌 앞에서" 참소합니까? 우리가 이 강론을 시작하면서 그리스도가 그 안에서 우리의 영을 하나님의 보좌 앞에 자리잡게 하신 것을 설명했습니다. 우리의 영이 우리를 하나님께 이어주지만 다른 한편 우리의 몸과 혼은 이 땅 위에 있습니다. 비록 사탄은 하나님께 직접 나길 수 있는 길은 없지만 우리의 생각과 말에는 접근할 수 있습니다. 우리가 다른 사람을 흠 잡는 소리에 그렇다고 동감하는 태도를 가질 때, 우리가 수군거리는 뒷공론과 부정적인 비판이 옳다고 할 때,

우리는 실제로 사탄에게 우리의 입을 쓰도록 내어주어 하나님 앞에서 성도들을 참소하게 하는 것입니다!

어두운 데서 속삭인 말은 하나님조차도 모르시는 비밀이라고 우리는 잘못 생각해 왔습니다. 우리가 깨달아야만 할 것은 "우리의 결산을 받으실 이의 눈앞에 벌거벗은 것 같이 드러나느니라"(히 4:13)고 하신 말씀입니다. "너희가 어두운 데서 말한 모든 것이 광명한 데서 들리고"(눅 12:3)라고 기록되어 있지 않습니까? 빛이 되신 하나님은 실로 참소자의 소리, 남편과 아내 사이에서 비밀스럽게 말한 것조차도 들으십니다.

혀를 조심하라!

아버지께서 그리스도의 몸에 필요한 것을 채워 주실 때 대부분은 우리의 고백을 통하여 공급해주십니다. 이는 단순히 우리의 긍정적이며 미리 생각한 고백을 기도로 표현한 것만이 아니라 우리의 입에서 나오는 모든 말을 포함합니다. 그리스도께서 친히 사람들이 "무슨 무익한(또는 조심 없는) 말"(마 12:36)을 하든지 심판을 받으리라고 말씀하지 않으셨습니까?

우리의 말은 우리 마음의 상태가 반영되어 나오는 것입니다 그리스도는 "우리가 사도요, 대제사장"으로서(히 3:1, 표준새번역), 믿음에서든 불신앙에서든, 우리가 하는 말을 가지고 우리가 한 말의 분수대로 영생의 분량을 우리에게 할당해 놓으십니다. 우리가 혀에 재갈을 물리지 않으면, 야고보서 말씀대로 우리가 하는 부정적인 고백이 "삶의 수레바퀴를

불사르나니 그 사르는 것이 지옥 불에서 나느니라"(약 3:6). 우리가 서로 밀어주고 서로 사랑하며 서로 보호해 준다면 우리는 크게 자라나고 더 큰 보호를 받게 됨을 경험할 것입니다. 그러나 우리가 흠 잡고 비판하며 나쁜 소문을 퍼뜨린다면 참소자의 소리가 나타나게 되고 우리는 우리가 한 무익하고 악한 말들에 대해 심판을 받게 됩니다. 하나님은 우리가 한 말을 보시고 그에 따른 실상을 우리에게 허락하십니다.

따라서 우리는 우리가 갖고 있는 생각들의 하나하나, 또 사람들과 아주 은밀하게 나눈 대화조차도 늘 은밀한 가운데 모든 것을 보시는 아버지께 드리는 우리의 기도가 됨을 깨닫게 되어야만 합니다. 이처럼 받는 이의 주소도 없이 띄운 기도들은, 우리의 "사랑하는 주님"으로 시작되는 기도처럼 우리의 고백의 한 부분이며 똑같은 영향력을 갖습니다. 우리가 서로서로에 관해 하는 말들은, 서로서로 주고받는 말과 함께, 우리가 하나님과 대화할 때와 똑같이 존경의 뜻을 담아야 하겠습니다. 왜냐하면 주님이 참으로 듣고 계시기 때문입니다.

다른 혀(방언, tongues)인가 혹은 불의 혀인가?

이사야가 주님을 뵈었을 때, 하늘에 사탄이 없었다는 것뿐만 아니라 자기가 한 말들 때문에 그가 죄의식을 느끼게 된 사실은 중요한 의미를 갖습니다(사 6상). 그가 말하기를, "화로다, 나여! 망하게 되었도다. 나는 입술이 부정한 사람이요 입술이 부정한 백성 중에 거하면서"(5절). 사실은 우리가 서로 주고받는 비판이 하나님 앞에서 성도들을 참소하는 사

chapter 14 형제들의 참소자를 쫓아냄···119

탄의 소리가 된다는 것입니다.

이사야의 입술은 하나님의 제단에서 취한 핀 숯에 닿았을 때, 깨끗함을 입었습니다. 우리가 참으로 하나님께 더 가까이 나가면 나갈수록, 우리는 우리의 부정한 말들 때문에 죄의식을 더 느끼게 됩니다. 성령이 예수님 위에 나타나실 때 그는 상징적으로 비둘기의 형체로 왔습니다. 그러나 성령이 오순절에 나타나실 때 그는 타오르는 불의 혀같이 나타나셨습니다. 기독교계의 어느 일각에서는 "다른 방언(혀라는 뜻)"으로 말하는 것을 성령 충만의 표라고 합니다. 그러나 우리에게 문제가 되는 것은 다른 나라 말들을 하는 것이 아니라 타오르는 혀, 즉 제단에서 취한 하나님의 불로 정화된 혀, 흠잡기와 비판의 부정함을 씻어 깨끗함을 입은 혀로 말을 하는가입니다.

참소자를 쫓아냄

> 또 우리 형제들이 어린양의 피와 자기들이 증언하는 말씀으로써 그를 이겼으니 그들은 죽기까지 자기들의 생명을 아끼지 아니하였도다(계 12:11).

사람들의 죄와 허물을 말하는 대신, 우리는 하나님께서 은혜로 우리 모두의 부족함을 채워 주시도록 구해야만 합니다. 즉석에서 우리는 그리스도의 중보의 자리에 들어가 예수께서 죽기까지 사랑하신 그들을 위하여 열렬한 중보의 기도를 하는 것이 몸에 배어야 합니다. 요한계시록 12장에서 우리는 저들이 어떻게 형제들의 참소자를 이기었는가를 봅니다. 이제 이 구절을 연구하면서 승리를 우리의 것으로 삼읍시다.

1. **어린양의 피** : 예수 그리스도께서 자신의 피를 흘려 하나님과 인간 사이에 새 언약을 이루셨습니다. 이 언약을 위해서는 그리스도가 인류의 죄를 위해 자기 자신을 흠 없는 어린양으로 하나님께 드려야 했고, 하나님은 우리 모두의 죄를 그에게 짊어지게 하셔야 했습니다.

이 언약에서 우리의 역할은 하나님께서 행하신 것을 믿고 받아들이는 것입니다. 우리는 자기 의를 버리고, 우리를 위한 그리스도의 의를 신뢰해야 합니다. 그 결과 종교적 교만에 의해서는 얻어질 수 없는 의가 우리에게 전가됩니다.

이렇게 피를 통한 언약이 우리를 사탄의 참소로부터 구해줍니다. 물론, 이 언약은 또한 우리에게 죄 짓는 자들을 고발하고 싶어 하는 성향이 우리 안에 있음을 드러내 주기도 합니다. 그리스도의 흘린 피는 우리를 참소에서 구원해 주며, 하나님 나라의 삶을 살아갈 수 있게 해줍니다. 그리스도의 피는 우리에게 교만하지 말며, 우리에게 죄 지은 자들에게 자비를 베풀 것을 요구합니다.

2. **자기들이 증언하는 말씀** : 이는 하나님께서 여러분을 위해 하신 일을 다른 이들에게 말하는 것도 되지만 그것이 모두가 아닙니다. "…예수의 증언은 예언하는 영이라"(계 19:10). 참으로 참소자의 고

뱀을 이기려면 우리는 예언적으로 살고 생각해야만 합니다.

우리는 그리스도의 교회 안의 각 성도들을 연약한 육신으로 보는 것이 아니라, 하나님의 은혜에 의해 주어진 구속의 비전에 따라 바라보아야 합니다. 우리의 증거는 성경에 나와 있는 하나님의 약속을 믿음으로 선포하는 것입니다. 우리는 새 피조물이며, 성령을 받았고, 하늘의 하나님이 우리 가운데 그의 나라를 세우고 계십니다(마 24:14, 단 2:44).

우리는 다른 사람들에 대한 믿음을 유지함으로써 참소자를 물리칩니다. 심지어 우리 형제 자매들이 넘어질 때라도 말입니다. 우리가 증거하는 말은 하나님은 선하시다는 것입니다. 그분은 신실하십니다. 그분은 자신이 우리에게 약속하신 것을 반드시 성취하실 것입니다.

3. 죽기까지 자기들의 생명을 아끼지 아니함 : 우리는 우리의 영보다 육적인 삶을 더 사랑할 수 없습니다. 우리의 비전이 도전을 받을 것이라는 것은 의심할 여지가 없는 것입니다. 사탄은 우리를 대항할 사람들을 일으켜 세우고 있습니다. 심지어 우리의 친구들도 우리에게 등을 돌릴 수 있습니다. 하지만 우리는 육신의 욕망대로 반응할 수 없습니다. 배반을 당하거나 불의가 행해진다 할지라도 우리는 사랑과 믿음을 고수해야 합니다. 다시 말하지만, 우리는 영적인 삶보다 육적인 삶을 더 사랑할 수 없습니다. 우리 안에 있는 것으로써 십자가에 못 박혀야 할 자기 연민과 동정심과 같은 것을 고수하면서, 동시에 사탄을 정복할 수는 없습니다. 우리

의 승리는 진리와 사랑에 대한 확신을 버리느니 차라리 죽겠다는 각오에 의해 완성되어집니다.

바울은 말합니다. "내가 달려갈 길과 주 예수께 받은 사명 곧 하나님의 은혜의 복음을 증언하는 일을 마치려 함에는 나의 생명조차 조금도 귀한 것으로 여기지 아니하노라"(행 20:24). 영적으로 성숙한 사람들은 자기 자신의 상처에 신경쓰지 않습니다. 그들은 상처를 받을지라도 뒤로 물러나지 않습니다. 그들은 그리스도의 십자가를 껴안기 때문에, 부활의 능력을 가지고 그의 나라 안에서 살아갑니다(빌 3:10-11).

참소자를 먼저 우리의 마음속에서부터 쫓아내야 합니다. 우리는 흠잡기와 비난의 소리들을 용납해서는 안 됩니다. 우리는 우리의 형제들을 향해 바로 하나님의 마음을 가져야만 합니다. 하나님의 나라와 그리스도의 권세는 사랑을 동기로 하여 끝까지 기도를 감당하겠다는 헌신된 백성들 속에서 나타날 것입니다. 왜냐하면 그들은 형제들의 부족함을 볼 때, 그 형제들을 비판하는 참소자를 쫓아내고 기도하기 때문입니다.

Heavenly Places

The Three Battlegrounds

에베소서 3장 10절에는 "교회로 말미암아" 주님의 각종 지혜를
"하늘에 있는 통치자들과 정사와 권세들에게" 알게 하시려는
하나님의 영광스러운 계획이 나타나 있습니다.
여러분, 땅 위에 있는 그리스도의 몸이 하늘에 계신 머리되신 분의
뜻을 받아들여 그와 동의할 때,
그리스도 자신의 영이 하늘의 처소에 거하는
흑암의 권세들을 추방할 것입니다.

Part 3

영적 전투의 영역, 하늘의 처소

영적 전투의 마지막 전선은 하늘(하늘의 처소—HEAVENLY PLACES), 오늘날 영계로 알려진 영역입니다. 바로 여기에서 천사들과 귀신들은 "우리의" 도시들을 놓고 전쟁을 벌입니다. 그러나 독자들은 유의하십시오! 현재 이 세계는 적의 영토입니다! 이 하늘의 처소에서 우리가 갖는 권세는 오직 우리의 마음이 얼마나 그리스도의 마음을 닮았는가에 달렸습니다. 오직 도시적 차원에서 합심한 그리스도 중심의 교회만이 어두움의 권세들을 영계로부터 쫓아낼 수 있습니다.

*주 : 제3부에 속한 장들을 분명히 이해하고 또 정의를 확실히 하기 위해 이 책 뒤에 있는 '간략한 낱말 풀이'를 읽으면 도움이 될 것입니다.

Chapter 15

현실을 둘러싼 전쟁

The Three Battlegrounds

하나님의 형상을 따라 창조된 인간은 한계는 있지만 구별된 타고난 능력을 받았습니다. 그에게는 상상할 수 있는 능력과 함께 현실을 정의한 다음, 일을 이루는 기능이 주어졌습니다. 또 하나님이 미리 정하신 한계 안에서 움직이며 인간은 자기 자유 의지의 선택에 따라서 좋든 나쁘든 그의 주어진 능력과 기능을 활용합니다. 이 점을 이해할 때 우리는 영적 싸움의 핵심이 누가 현실을 정의하는가에 있음을 봅니다. 하나님의 말씀인가 아니면 현세의 환상인가 입니다.

우리가 동의하는 것

현실이란 무엇입니까? 여러분에게는 삶이 어떻게 보입니까? 사전에서는 현실을 이렇게 정의하고 있습니다. "진실되고 실제적인 상황 또는 사건." 이런 것들은 객관적인 분석의 측면에서 본 현실입니다. 그러나 현실은 객관적인 것만은 아니고, 우리의 느낌과 마음가짐과 믿는 것들에 뿌리를 둔 주관적이고 개인적인 면도 있습니다. 이런 관점에서 볼 때, 현실은 "(우리가) 믿은 대로 (우리에게) 되어"(마 8:13)지는 것입니다.

현실을 이처럼 개인적인 측면에서 볼 때, 어떤 이에게 실제적으로 느

껴지는 것이 다른 이에게는 허구로 밖에 보이지 않는 예는 아주 흔한 것입니다. 에스키모가 보는 현실관을 생각해 보십시오. 그는 개가 끄는 썰매로 여행하고 이글루에 살며 북극광의 오로라와 심야의 태양을 보는 땅에 삽니다. 이를 뉴욕 시에서 지하철과 자동차를 타고 다니고 고층 빌딩과 주차장들의 콘크리트 세계에서 살며 교통 체증과 중개업 회사의 업무에서 오는 막중한 스트레스로 시달리는 한 실업가와 비교해 봅시다. 이 두 지역에서 벌어지는 현실은 현저하게 다름에도 불구하고 각 개인에게는 독특하게 작용하며 주관적 측면에서 견고한 현실이 되는 것입니다.

그러므로 우리는 이런 예들을 통해 중요한 원리를 배워야 합니다. 무엇이든지, 동의와 타협과 지속적 사용을 통해서 한 사회가 합의하여 확립하는 것이 그들에 대한 현실을 궁극적으로 정의하게 될 것입니다. 이 교훈을 잘 이해하는 것은 아주 중요합니다. 왜냐하면 우리가 하나님 나라의 원리와 기준에 동의하고 따를 때 사회에 대한 우리의 모든 정의가 바뀔 것이기 때문입니다.

성경에서 이런 예를 창세기에서 볼 수 있습니다. "여호와께서 이르시되 이 무리가 한 족속이요 언어도 하나이므로 이같이 시작하였으니 이후로는 그 하고자 하는 일(상상하는 일-확대역 성경)을 막을 수 없으리로다"(창 11:6). 이것이 바로 주님 자신께서 하나님 없이 사는 바벨론 사람들에 대하여 하신 말씀입니다. 주님께서는 여기에서 인류가 상상하는 어떤 것이라도 그것이 이루어질 수 있는 가능성을 갖고 있다고 말씀하고 계십니다.

이 말씀의 정당성을 의심한다면, 당신은 꿈꾸는 사람들이 달 표면에 서게 되는 환상을 말할 때, 그들을 조롱하는 무리들 틈에 있었을 것입니다. 여러분은 아마 목소리나 영상이 보이지 않는 전파를 타고 세계 각 곳으로 전달 될 수 있다는 생각을 경멸했을 것입니다. 여러분은 무기가 이 세상의 모든 생명을 앗아갈 수 있을 만큼 가공할 능력을 지니리라는 생각을 비웃었을 것입니다. 하지만 인간이 상상하는 현실로 이루어내는 능력으로 인해 이런 일들이 오늘날 우리가 사는 세상의 한 부분이 되어 있습니다. 만약 사람이 그 마음으로 상상하고 그것을 다른 이들에게도 믿게 한다면 그들의 정신이 그것을 성취할 것입니다. 그리고 몇 가지를 제외하고는 아무리 두 세 명의 작은 모임이라도 그들이 어떤 일이 일어날 수 있다고 믿는다면 불가능한 일이 없을 것입니다.

이것이 바로 오늘날의 교회가 처해 있는 영적 전투의 중심된 싸움입니다. 분열, 죄, 영적 무기력 이런 것들이 하나님께서 이 땅의 성도들에게 베푸시는 궁극적인 현실인양, 사탄은 우리가 현재 상태 그대로의 기독교를 받아들이기 원합니다. 사탄은 우리가 이처럼 거짓된 교회관에 동의하고 이로써 이 같은 거짓이 더 힘을 쓰게 되기를 바랍니다. 주님의 성도들에 관하여 아직 실현되지 않은 많은 약속들이 있습니다. 이들은 마지막 때에 펼쳐질 거룩하고 숭고한 목적들입니다. 그러므로 우리는 거룩하고 분열되지 않은 능력 있는 교회를 세우시려는 주님의 계획에 동의해야 합니다. 주님께서 우리를 부르신 것은 그의 나라를 세우라는 것이지 현상을 유지하라는 것이 아닙니다.

우리는 현 상태의 교회와 함께 일해야 하는 한편, 현재 보이는 교회의 모습이 예수님이 다시 오시기 전에 변화될 교회의 모습이 아니라는 점을 늘 깨달아야 합니다! 사실 우리의 사명은 하나님과 동역하여 부흥의 역사를 가져오며 그리스도의 몸된 교회를 세우는 것입니다. "자기 앞에 영광스러운 교회로 세우사 티나 주름 잡힌 것이나 이런 것들이 없이 거룩하고 흠이 없게 하려 하심이라"(엡 5:27).

예수님이 다시 오시기 전, 아버지께서 그의 아들에게 티나 주름 잡힌 것이 없는 거룩한 신부를 약속하셨습니다. 교회는 이 땅 위에서 바로 그리스도를 증거하는 능력의 증인이 될 것입니다.

하늘에서의 전쟁 : 대체(displacement)의 원리

"하늘에 전쟁이 있으니 미가엘과 그의 사자들이 용과 더불어 싸울새 용과 그의 사자들도 싸우나 이기지 못하여 다시 하늘에서 그들이 있을 곳을 얻지 못한지라"(계 12:7-8). "하늘에서 그들이 있을 곳을 얻지 못한지라"고 한 구절을 주목해 보십시오. 권세자들을('principalities'가 엡 6:12 등에서는 '통치자들'로 번역되었고, 롬 8:38에서는 '권세자들'로 번역됨. 이 책에서는 편의상 '권세자들'로 번역하였으며, 책 뒤의 간략한 낱말 풀이에서는 powers('권세들'로 번역됨)와 구별되어야 하기에 '통치자'로 번역됨-역자 주) 상대하는 전쟁에서는 그 권세를 이어받을 대체자가 필요합니다. 즉 한때 사탄이 권력을 잡고 있던 영적 영역의 자리를 그리스도께서 채우시는 것입니다.

이는 우리가 이해하기 힘든 사건입니다. 어떻게 부상은 입어도 죽지 않는 존재들인 천사와 귀신들이 전쟁을 한단 말인가? 무엇을 가지고 싸움을 하는가? 그리고 어떻게 서로를 정복하는가? 우리가 갖고 있는 지식의 한계를 넘지 않는 범위에서 안전하게 말할 수 있는 것은 모든 영적 전투는 하나의 본질적인 문제를 놓고 벌어진다는 것입니다. 즉 이 땅 위에서 현실을 지배하는 것이 하늘나라인가 아니면 지옥의 권세인가?

천사와 마귀의 싸움에 관해 말하자면, 전투의 승패는 물리적인 무기에 있지 않고 인류와 영계 사이에 벌어지는 동의의 힘에 있습니다. 에베소서 6장은 "통치자들과 권세들"이 하늘의 처소를 점령하고 있는 것으로 기록하고 있습니다(12절). 그러나 에베소서 1장 10절을 읽으면 "하늘에 있는 것이나 땅에 있는" 모든 것이 그리스도 안에서 통일되게 하시려는 아버지의 목적이 나타나 있음을 봅니다. 에베소서 3장 10절에는 "교회로 말미암아" 주님의 각종 지혜를 "하늘에 있는 통치자들과 권세들에게" 알게 하시려는 하나님의 영광스러운 계획이 나타나 있습니다. 여러분, 땅 위에 있는 그리스도의 몸이 하늘에 계신 머리되신 분의 뜻을 받아들여 그와 동의할 때, 그리스도 자신의 영이 하늘의 처소에 거하는 흑암의 권세들을 추방할 것입니다.

다른 말로 하면, 땅 위의 교회가 하나님의 뜻과 말씀을 받아들이기로 한 동의를 적극적으로 따르게 되면, 영적인 영역에서 하나님의 임재가 증가되면서, 비례적으로 땅 위의 지옥의 영향력을 대체합니다. 그후 얼마 지나지 않아 인간 세상에서 부흥과 병 고침 그리고 기적들이 나타남을 우리는 보게 됩니다. 그러나 교회가 수동적이고 무관심하거나 육신적일 때 이 땅을 지배하는 지옥의 권세가 커갈 것입니다. 결혼이 깨지고 범죄가 증가하며 걷잡을 수 없는 허랑 방탕에 빠지게 될 것입니다. 우리의 기도와 마음가짐 그리고 하나님의 뜻에 따르겠다는 동의가 이 땅 위에 하나님 나라가 현실화되도록 하는데 있어서 필수적인 한 부분임을 알아야 합니다!

마귀는 거짓말쟁이

사탄의 정체를 성경은 "거짓말쟁이요 거짓의 아비"(요 8:44)라고 밝힙니다. 그의 활동 영역은 바로 인간의 의식을 둘러싸 덮고 있는 영의 세계입니다. 이 영역은 성경에서 "하늘에 있는" 처소로 알려져 있습니다(엡 6:12). 이 영계로부터 사탄은 인간이 갖는 육체의 욕심과 두려움에서 조성되는 망상들을 통해 인간의 생각을 더럽히고 또 이를 지배하려고 역사합니다. 거짓의 힘이라고 할 때 이는 단순히 거짓된 것들에 관해 말한다거나, 이 세상에 실재하지 않는 환각일 뿐이라는 뜻이 아닙니다. 원수가 사용하는 거짓이 가장 강력하게 나타날 때는, 사람들이 지금과 같은 이 세상을 우리가 살 수 있는 유일한 세계라고 믿을 때입니다. 물론, 진실은 하나님께서 그의 나라를 세우고 계시며 궁극적으로 존재하는 다른 모든 실재가 그 나라에 복종하여 다스림을 받게 되리라는 것입니다(히 12:26-28, 계 11:15).

원수가 하는 거짓말들과 싸우도록 하나님께서 우리에게 주신 무기는 하나님의 말씀이며, 성경 말씀은 이를 가리켜 "성령의 검"(엡 6:17)이라고 합니다. 예수께서는 그가 이른 말이 "영이요 생명"(요 6:63)이라고 말씀 하셨습니다. 즉 말하자면, 그리스도의 말씀 안에 있는 취지나 의미는 현존하는 실재, 곧 하나님 나라의 살아계신 성령을 대표합니다.

우리는 또 신약이 쓰여진 옛 희랍어에는 "실재-reality"라는 낱말이 없음을 알아야 합니다. 옛 희랍 사람들에게 "진리"는 "실재"와 본질상 같은 것이었습니다. 우리가 "진리의 성령"에 대해 생각할 때 우리의 해석에서 함께 포함시켜야 할 것은 실재의 개념, 즉 성령과 하나님의 말씀은 그 자체가 실재라는 것입니다!

이 점은 아주 중요합니다. 왜냐하면 누가 인간 세상을 지배할 것인가를 놓고 싸우는 우리의 영적 전쟁에서 하나님께서 교회에 주신 유일한 무기가 성령의 권능을 덧입은 말씀이기 때문입니다. 성령의 살아 있는 말씀은 진리입니다. 바울은 영적 싸움이 구체적으로 "견고한 진을 파하는" 일을 다룬다고 가르칩니다. 그러나 무엇이 이 같은 견고한 진들입니까? 그것들은 마귀가 우리의 사고방식 속에다 심어놓은 거짓말들입니다. 그 같은 거짓말들은 우리가 받아들이고 또 믿게 될 때 우리에게 실재가 되는 것입니다. 우리는 죄 가운데서 넘어지기 보다는 죄에게 꾀임을 더 당합니다. 왜냐하면 모든 죄가 어느 정도의 속임수를 숨기고 있기 때문입니다. 그러나 이 같은 거짓들이 드러나 부수어지고 우리의 사고방식이 망상으로부터 자유하게 될 때, 우리는 우리 안에 계신 영광의 소망이신, 그리스도의 흠 없는 온전하심과 그의 진리를 발견하게 될 것입니다(골 1:27).

하나님의 말씀 위에 서기

영적 전투에서 승리하려면 하나님의 말씀을 알아야만 합니다. 만일 여러분 자신이 원수로부터의 해방이 필요하거나 또는 여러분이 해방의 사역에 쓰임 받고 있다면, 다음 성경 구절들은 승리를 확고히 하는데 도움을 주게 될 것입니다. 이 성경 구절들을 암송하여 완전하게 알기 전에는 어떤 경우이든 영적 싸움에 나서는 것은 현명하지 않습니다.

> 우리의 싸우는 무기는 육신에 속한 것이 아니요 오직 어떤 견고한 진도 무너뜨리는 하나님의 능력이라 모든 이론을 무너뜨리며 하나님 아는 것을 대적하여 높아진 것을 다 무너뜨리고 모든 생각을 사로잡아 그리스도에게 복종하게 하니(고후 10:4-5).

"너희는 열매 없는 어둠의 일에 참여하지 말고 도리어 책망하라(폭로하십시오-표준새번역)"(엡 5:11). 여러분이 죄를 밝히고 자백할 때, 죄는 더 이상 어두움(비밀) 가운데 있지 않습니다. 어두운 방 안에 불이 켜지면 어두움이 변하여 빛이 됩니다. 마찬가지로 여러분이 어두움에서 죄를 들고 나와 빛으로 이를 밝히면 죄는 하나님의 용서하심 가운데 사라집니다. 죄가 있던 곳이 빛으로 변합니다.

"만일 우리가 우리 죄를 자백하면 그는 미쁘시고 의로우사 우리 죄를 사하시며 우리를 모든 불의에서 깨끗하게 하실 것이요"(요일 1:9). 다시 말하거니와 죄를 자백하십시오. 하나님은 미쁘셔서 바로 여러분의 죄를 사하시고 모든 불의에서 여러분을 깨끗케 하십니다.

"그러나 그리스도의 개선 행렬에 언제나 우리를 참가시키시고, 어디에서나 우리로 그리스도를 알리는 지식의 향기를 풍기게 하시는 하나님께 감사를 드립니다"(고후 2:14-표준새번역). 그리스도께서 여러분 속에 계시기 때문에 우리가 있는 이곳에 바로 지금 승리가 있는 것입니다.

> 하나님이 우리에게 주신 것은 두려워하는 마음이 아니요 오직 능력과 사랑과 절제하는 마음이니(딤후 1:7).

사탄의 협박을 두려워 마십시오. 늘 기억할 것은 마귀는 '거짓말생이요 그 안에 진리가 없다' 는 것입니다(요 8:44).

> "죽음을 통하여 죽음의 세력을 잡은 자 곧 마귀를 멸하시며 또 죽기를 무서워하므로 한평생 매여 종노릇하는 모든 자들을 놓아주려 하심이니"(히 2:14-15)

사탄은 여러분으로 하여금 자신이 여러분을 지배할 권세가 있다고 믿게 하려 할 것입니다. 그러나 예수님은 말씀하시기를, 사탄을 우리의 삶 속에서 "없이 하셨다(권세, 힘이 없게 하셨다)"라고 하십니다. 예수의 이름과 하나님의 말씀을 사용하여 사탄의 거짓말들이 갖고 있는 세력을 부수십시오.

"우리가 알거니와 하나님을 사랑하는 자 곧 그의 뜻대로 부르심을 입은 자들에게는 모든 것이 합력하여 선을 이루느니라"(롬 8:28). 여러분이 하나님을 사랑할 때, 하나님께서 모든 것이 합력하여 선을 이루게 하신다면, 결국, 여러분에게 나쁜 일이란 결코 생길 수 없습니다. 하나님께서 여러분으로 그 아들의 형상을 본받게 하기 위하여 미리 정하셨습니다.

"내가 너희에게 뱀과 전갈을 밟으며 원수의 모든 능력을 제어할 권능을 주었으니 너희를 해칠 자가 결코 없으리라"(눅 10:19). 예수님은 우리에게 사탄의 모든 능력을 제어할 권세를 주셨습니다. 우리에게는 주님의 권세가 있고 또 우리를 해할 자가 결단코 없으리라고 하신 주님의 약속이 있습니다!

"하나님의 아들이 나타나신 것은 마귀의 일을 멸하려 하심이라"(요일 3:8). 여러분은 이미 해방되었습니다. 이는 여러분이 자유하다고 "느끼기" 때문이 아니라 여러분에게 믿음이 있기 때문입니다. 믿음을 말할 때마다 여러분은 자유함을 참된 실재로 누리고 있는 것입니다. 여러분이 가진 바 담대함으로 기도하는 동안 최소한 2대 1로 마귀의 병력 수를 능가하는 하나님의 천군 천사들과 연합하여 악을 대적한다는 것입니다. 예수님이 함께하시는 한 여러분에게 패배는 있을 수 없습니다(참조할 성경 구절 : 엡 6:18, 약 4:7, 사 42:13, 사 53장, 사 54:11-17, 롬 10:8-9).

Chapter 16

적그리스도의 영을 밝히다!

The Three Battlegrounds

지옥 제국을 철권으로 다스리는 존재들은 계급을 가지고 있습니다. 그들의 악은 이 땅 위에서 삶의 거의 모든 면을 먹구름처럼 어둡게 덮습니다. 이 사악한 제국을 무너뜨리고 우리의 영적 싸움에서 승리를 거두기 위해서 우리는 우리의 적들을 분별하고 난 다음 어두움에 속한 이들 지휘관들이 도망가도록 만들어야 합니다.

한 인간 이상임

어두운 세상의 주관자, 가장 지독한 계급의 한 권세자가 존재하고 있는데 신자들이 이를 너무 오래 용납해 와서 그의 영향력이 온 교회에 정상적인 것으로 간주되고 있습니다. 이 악마적인 존재가 적그리스도의 영입니다. 이 영은 참된 기독교가 공공연히 박해를 받는 곳이면 어디에서나 그 모습을 드러내지만, 이 영은 그 본성이 근본적으로 종교적인 귀신입니다. 이 영은 현재 전개되고 있는 예수 그리스도의 교회의 회복에 반대하여 완강하게 맞서고 있습니다.

이 귀신은 바로 그 이름 그대로입니다. 그는 간단히 말해서 그리스도의 "적" 또는 대적하는 자입니다. 이 권세자는 질투, 두려움, 용서하지 않음과 야망이라는 권세 계급의 귀신들을 이용하며, 또한 필요한 것은 무엇이든지 이용하여 독립된 지역 교회들이 "무장하고 용맹스러운" 연합된 그리스도의 몸이 되는 것을 막습니다.

우리는 적그리스도가 예수님의 재림 직전에 나타날 어떤 특정한 인물이라고 우리의 해석을 고정시키기 쉽습니다. 실제로 대부분의 그리스도인들은 그런 인물이 결국 나타날 것이라는데 동의하고 있습니다. 이 인물은, "대적하는 자라. 범사에 일컫는 하나님이나 숭배함을 받는 자 위에 뛰어나 자존하여 하나님의 성전에 앉아 자기를 보여 하나님이라" 할 것입니다(살후 2:4). 그러나 이것이 인간적인 형체로 나타난 적그리스도라면, 이것은 보이지 않는 형체의 적그리스도의 영의 본성 혹은 본질을 묘사하는 것이기도 합니다.

이 적그리스도의 영은 1세기로부터 교회에 만연해 왔습니다. 실제로, 사도 요한은 1세기에 "많은 적그리스도"가 있었다고 명백하게 말합니다. 그는 "아이들아 지금은 마지막 때라 적그리스도가 오리라는 말을 너희가 들은 것과 같이 지금도 많은 적그리스도가 일어났으니"라고 썼습니다(요일 2:18). 이 구절을 데살로니가후서 2장 4절과 비교해 볼 때, 우리가 적그리스도를 미래에 나타날 한 사람으로 국한한다면, "적그리스도"의 용어에 대한 우리의 이해가 너무 좁은 것임을 알게 됩니다. 요한은 "지금도 많은 적그리스도가 일어났으니"라고 말했습니다.

요한이 실제로 말하고 있는 것이, 한 때 연합된 범 도시적인 기독교 공동체의 구성원들이었던 사람들에 대한 것임을 파악하는 것이 중요합니다. 사도는 그들이 "우리에게서 나갔다"고 말합니다. 그는 "만일 우리에게 속하였더라면 우리와 함께 거하였으려니와"라고 말했습니다(요일 2:19).

이 나간 사람들을 무엇이 움직였습니까? 요한의 서신 뒷부분에서, 사도는 그것이 적그리스도의 영이었음을 밝힙니다. 그는 4장에서 "예수를 시인하지 아니하는 영마다 하나님께 속한 것이 아니니 이것이 곧 적그리스도의 영이니라 오리라 한 말을 너희가 들었거니와 지금 벌써 세상에 있느니라"라고 기록했습니다(요일 4:3). 요한은 여기서 적그리스도의 영에 대해 분명히 언급하면서 그가 벌써 세상에 있다고 말했습니다.

요한은 이 영을 시인(고백)하지 않는 영이라고 밝힙니다. 1세기 성도에게 있어서 "예수를 고백"하는 것은 단순히 기도 끝에 그의 이름을 언급하는 것 이상을 뜻했습니다. 본래 이는 예수님과 하나 된 상태, 그의 영이신 성령이 나타나실 수 있는 상태에서의 고백을 말하는 것이었습니다(마 10:32, 확대역 성경 참조). 그들은 "예수"란 이름만을 고백하는 것이 아니라 예수님의 인격을 고백한 것입니다! 그리스도 자신이 그들의 사랑, 헌신 그리고 희생의 자세를 통해서 나타나셨던 것입니다!

그 다음 절에서, 요한은 적그리스도의 영의 본성에 대해서 설명했습니다. "진리의 영과 미혹의 영을 이로써 아느니라 사랑하는 자들아 우리가 서로 사랑하자 사랑은 하나님께 속한 것이니 사랑하는 자마다 하나님으로부터 나서 하나님을 알고 사랑하지 아니하는 자는 하나님을 알지 못하나니 이는 하나님은 사랑이심이라"(요일 4:6-8).

우리는 진리의 영과 미혹의 영을, 또는 더 구체적으로 말해서, 그리스도의 영과 적그리스도의 영을 한 개인이나 교회에 역사하는 그리스도의 사랑의 척도로 분별합니다. 요한은 "사랑하지 아니하는 자는 하나님을 알지 못하나니"라고 말합니다. 하나님께서 자기들을 기뻐하신다고 생각하면서 사랑으로 행하지 않는 개인이나 교회는 실제로 적그리스도의 영을 섬기고 있는지도 모릅니다! 그리스도인들은 "그들의 사랑"에 의해 그리스도인으로 알려지는 것입니다. 결코 그들의 신학으로 인해 알려지는 것이 아닙니다(요 13:35)! 요한이 진리와 미혹에 대해서 썼을 때, 그는 구체적으로 적그리스도의 영을 언급하고 우리가 사랑이 메마른 교회의 모습을 통해서 이 영을 받아들이는 점을 말했습니다!

적그리스도가 이렇게 나타나는 것이 그 "죄의 사람"이 공공연히 등장할 때 생길 수 있는 일보다 더 간교하고 파괴적입니다(살후 2:3). 적그리스도의 영은 마음을 강퍅하게 만들고 사랑하지 못하게 합니다. 또 용서하지 않는 마음을 키워서 그의 영향 하에 있는 사람들로 하여금 여러 가지 비난과 대수롭지 않은 교리의 차이를 이유로 교회에서 갈라져 나오게 만듭니다. 이것이 대부분 교회의 분열 배후에 숨어 있는 "강한 자"입니다.

그러나 그리스도를 따르는 것은 용서와 사랑을 우리 삶의 방식으로 받아들이도록 요구합니다. 용서하지 않음과 분열과 이기적인 야심을 정당화하는 것은, 간단히 말해서 "반 또는 적"그리스도적입니다. 적그리스도의 영은 많은 문제들의 뒷전에 숨어 있습니다. 그러나 이러한 문제들은 단순히 이 권세자가 교회를 분열시키려고 이용하는 도구들에 불과합니다.

　적그리스도의 영은 사랑에 반대하고. 용서에 반대하고, 화해에 반대합니다! 아마 다른 무엇보다도 이 권세자는 그리스도의 몸된 교회들을 분열시킵니다.

　적그리스도는 수많은 교회 분열의 참 원인입니다. 실로, 여러분이 당장 눈앞에 보이는 문제들 대신에 이 영에 대항하여 기도하면, 많은 교회의 분열들을 피하게 될 것입니다. 이런 뜻에서, 우리가 우리의 생각과 판단에 얼마나 굳게 잡혀 있는가 매우 조심스럽게 살펴보아야만 합니다. 왜냐하면 만약 우리의 생각이 우리를 바로잡아 주시는 하나님의 능력보다 우리 스스로를 더 높이게 되면, 우리는 틀림없이 적그리스도의 영의 목표물이 될 것이기 때문입니다. 기억하십시오. 적그리스도의 영은 질투나 두려움, 혹은 심지어 교회 화장실의 색깔까지도 연막으로 사용하기도 하지만, 대부분 분열의 주요 원인은 다름 아닌 그리스도인들이 성령님과 예수 그리스도의 가르침이 아닌 어떤 사람이나 어떤 것을 따르기 때문입니다. 어떠한 상황도 예수님의 말씀으로 돌아옴으로써 회복될 수 있습니다. 모든 파벌이 주님께 복종키로 동의한다면, 사랑과 승리는 곧 따라 올 것입니다.

개인적인 차원에서의 적그리스도로부터의 해방

　우리 각자는 적그리스도의 영에 의해 형성되고 결정된 사고 방식들, 곧 우리 생각 속에 있는 요새들을 갖고 있습니다. "반" 그리스도적인 생각들을 옹호하려 하지 말고, 오히려 그것들을 죄로 드러나게 해서 그것들이 부서지는 것을 봅시다. 적그리스도는 오랜 동안 함께 있어 왔기 때문에 그 사고 방식들이 어느 누구에게서도 갑자기 떠나가지는 않을 것입니다. 그러나 우리가 그리스도의 사랑에 찬 음성과 적그리스도의 거만한 반역의 소리를 구별할 수 있다면, 우리의 삶이 그리스도를 본받게 되는 중대한 걸음을 내딛을 수 있습니다.

여러분이 교회들을 향해서 느끼는 사랑의 결핍이 단지 여러분의 육적인 것인지, 적그리스도를 위한 요새인지 어떻게 알 수 있겠습니까? 반항심을 회개하십시오. 그리고 나서 적그리스도의 영에 대항하여 소리 내서 기도하십시오. 여러분은 즉시 원수와 멀어지고 주님 가까이 있는 자신을 발견하게 될 것입니다.

적그리스도의 영향을 받지 않는 기독교

적그리스도의 영은 많은 방법을 통해 자신을 하나님으로 나타내고자 합니다. 예를 들면 뉴 에이지 운동, 공산주의 등등입니다. 그러나 교회 안에서 자기를 하나님으로 가장하는 독특한 방법은 이것입니다. 인간에게는 죽음에 대하여 가지고 있는 자연스럽고 종교적인 공경심이 있습니다. 적그리스도는 이 현상을 이용해서 회중들에게 죽음을 엄숙하게 대하는 것이 마치 하나님을 참으로 공경하는 것인 양 생각하게 합니다. 전능하신 하나님은 죽은 자의 하나님이 아니라 산 자의 하나님이십니다. 또한 진정한 공경심은 경외, 기쁨 그리고 감사가 따릅니다.

교회가 죽어 있는데도 그것을 오히려 경건시 하는 회중 가운데서 적그리스도를 분별할 수 있습니다. 그 곳의 분위기는 거룩함이 아닌 공허함으로 가득 차 있습니다. 이것은 공허한 장례식장에서 느낄 수 있는 그런 분위기입니다. 적그리스도는 사람들의 위에 군림하여 냉랭한 기운을 뿜어 문자 그대로 교회 빌딩을 냉기로 가득 채웁니다.

성령께서 처음 우리에게 이 실체를 보여주시기 시작하였을 때, 우리는 그것이 얼마나 기독교의 기본적인 개념까지 왜곡해 놓았는지를 보았습니다. 사실 지금은 이런 적그리스도적인 사고 방식의 견고한 진이 교회 안에서 "인정되는" 상황입니다. 이 영이 "하나님의 성전(집합적이지만 실제는 나누어진 도시 교회)"으로 들어와서 많은 회중과 많은 믿는 사람들에게 "자기를 하나님이라" 하고 있습니다(살후 2:4).

이 권세자가 "범사에 일컫는 하나님이나 숭배함을 받는 모든 자 위에 뛰어나 자존"하기를 추구하고 있다는 것이 우리에게 분명해졌습니다. 우리가 사람들을 가르치려고 할 때 우리의 메세지의 말씀이 담요로 덮혀 있는 것처럼 강한 저항 속에서 땅으로 떨어졌습니다. 우리는 주님께 기도하였고, 며칠이 지난 후 성령님께서 우리가 보지 못했던 것을 분별하도록 계시해 주셨습니다. 주님은 데살로니가후서 2장 4절의 앞부분인 "그는 대적하는 자라"는 말씀에서 깨달음을 주셨습니다.

적그리스도의 영은 문자 그대로 진리, 특히 진리의 참 뜻을 계시해주는 새로운 진리를 대적합니다. 이 영은 그리스도의 지체 안에서 생명력을 되찾기 위해 일어나는 어떤 운동도 대적합니다. 이 영이 주재하는 교회에서는, 설교에 합심하는 모기소리 같은 "아멘"에도, 마음속에 이 영이 지어놓은 요새를 갖고 있는 사람들은 안색을 통해 이 영의 증오에 찬 눈빛을 나타냅니다.

우리가 적그리스도의 영을 더 잘 이해했을 때 그를 대적하는 싸움을 성공적으로 이끌 수 있었습니다. 우리의 중보기도자들이 우리 지역에 있는 이 영의 영향력에 대적하여 기도하기 시작했습니다. 한 주간이 지나기 전에 다른 다섯 목사님과 저, 그리고 몇몇 초교파적 사역을 하시는 분들이 함께 모여서 각자의 교회로 옮겨가며 매주 중보기도 모임을 갖기로 작정했습니다. 석 달 후에는 매주 모이는 참석자가 두 배로 늘었고, 그 후로도 계속 증가하고 있습니다. 어떻게 이런 일이 일어났을까요? 중보기도자들이 적그리스도의 영을 분별하고 그를 묶었기 때문입니다. 갑자기 다른 목사님들과 모여서 기도하기를 원하는 경건한 바람이 우리 지역에 널리 퍼지기 시작했습니다!

범도시적 교회에 대한 이해

하나님은 교회라는 공동체를 그리스도의 사랑의 불 속에서 융합된 한 몸으로 보십니다. 그는 그의 나라의 정신으로 성령 안에서 우리가 함께 기도하고, 일하며, 우리의 교회들을 세우도록 하십니다. 각 지역의 영적 전투를 가장 잘 아는 사람들은 그 지역의 목사들입니다. 요한계시록에서 교회들에게 말씀하실 때, 주님은 교회를 각 도시에 존재하는 지역 유기체로 보셨습니다. 주님은 "바울에게 속한 아시아에 있는 그리스도인들에게 말하노니"와 같은 식으로 말씀하지 않으셨습니다.

예수님은 교회들을 그들이 속한 지역의 이름으로 명명하셨습니다. 그들은 그 지역 외의 사도들의 영향을 받았을 수도 있습니다. 즉, 영적인 뿌리가 그들의 지역을 벗어나 있을 수도 있습니다. 하지만 그들의 주된 관계는 그들 서로 간에 이루어졌습니다(행 13:1-12 참조). 이들은 사람들의 필요를 아는 지역 사람들이었으며, 예수님도 그들을 그렇게 바라보셨습니다.

그러나 적그리스도의 영이 전형적인 그리스도인들의 생각에 너무 깊이 침투해 있었기 때문에, 강단에서는 기만이 선포되고, 그것을 듣는 성도들은 분별없이 받아들였습니다. 따라서 당신은 당신이 살고 있는 지역에서 그리스도를 위해 인내해야 합니다.

믿음은 크게 갖되 육신의 욕망은 작아져야 합니다. 개인적인 욕망은 적그리스도가 주는 것입니다. 그것은 우리를 분열시키는 견고한 진의 이름입니다. 여러분이 다른 사람을 가까이 할 때 개인적인 욕망 대신 종의 자세를 가져야만 합니다. 만약 여러분이 지도자로서 부르심을 받았다면, 다른 사람들은 여러분에게 있는 온유함과 선한 열매를 보고 그 같은 부르심을 인정하게 될 것입니다. 여러분의 사역은 자기를 내세움 없이 자연스럽게 이루어질 것입니다. 예수님의 명령을 기억하십시오. "지도자라 칭함을 받지 말라 너희의 지도자는 한 분이시니 곧 그리스도시니라"(마 23:10). 사실을 말하자면, 하나님은 지도자들을 키우시는 것이 아닙니다. 그보다도 주님은 종 되어 따르는 이들, 그리스도의 인도하심을 위하여 함께 기도하는 남종과 여종을 훈련하고 계십니다.

그러므로 여러분이 다른 교회에 속한 그리스도인들과 만날 때, 그들의 종이라는 자세와 그들을 축복하는 마음으로 가십시오. 만약 여러분이 목사라면, 여러분의 동료 목사들이 필요한 것을 찾아내고 그들을 위하여 기도하기 시작하십시오. 어쩌면, 누군가 피아니스트가 필요할지 모릅니다. 만약 여러분에게 둘이 있으면 한 명을 보내십시오(눅 3:11). 대부분의 목사들이 각자의 두려움과 불안감 때문에 씨름합니다. 그러나 여러분이 하나님의 사랑으로 다가가면 그의 두려움을 벗겨줄 것입니다.

적그리스도의 영은 "세상 주관자"입니다(엡 6:12). 그것은 졸개 귀신처럼 쫓아낼 수 있는 것이 아닙니다. 이런 종류의 모든 권세자들을 짓밟는 궁극적 승리는 그 영적 영향력을 대체할 그리스도를 통하여 오며, 승리가 임한 곳에는 그리스도의 격려와 사랑이 그 지역 기독교 공동체의 생활 속에서 넘쳐나게 됩니다. 우리가 적그리스도를 대적하게 될 때 그리스도의 몸이 치유되며 적그리스도의 영이 우리 발아래 짓밟히는 것을 보게 될 것입니다.

Chapter 17

이세벨의 영을 분별함

The Three Battlegrounds

우리는 거대한 규모를 갖고 있는 한 요새와 정면 대결을 하려 합니다. 이 견고한 진은 대부분의 교회가 그대로 받아들이고 있는 하나의 사고방식입니다. 우리는 이세벨이 숨어 있는 곳을 드러낸 다음 이를 파괴해 버릴 것입니다.

이세벨의 영이란?

그러나 네게 책망할 일이 있노라 자칭 선지자라 하는 여자 이세벨을 네가 용납함이니 그가 내 종들을 가르쳐 꾀어 행음하게 하고 우상의 제물을 먹게 하는도다(계 2:20).

여러분은 제가 미국 교회들을 향해 이 구절을 인용하여 말하는 것에 대해 반대를 할지도 모릅니다. 여러분은 여러분이 아는 목사들 중 한 사람도 음란한 행위를 하라고 공공연히 가르치는 일이 없다고 논박할 수도 있습니다. 저는 여러분이 놀라는 기분을 이해합니다. 색욕에 빠지는 것과 우상 숭배가 죄가 아니라고 설교하는 철면피를 한 사람도 알지 못한다고 하는 여러분의 말에 저도 동의합니다. 우리가 이세벨을 언급할 때에는 우리의 사회 속에서 관능에 사로잡히는 것, 고삐 풀린 사술, 남성의 권위에 대한 증오의 근원을 밝히는 것입니다.

이세벨의 영을 이해하기 위해서, 우리는 성경에서 이 인물의 기원을 이해해야만 합니다. 이세벨은 반항적이고도 농간을 잘 부려 사람을 자기마음대로 주무르는 아합 왕의 아내로서 성경에 처음 나타납니다. 칠천의 충성스런 이들을 제외한 천만 명이 넘는 히브리인들, 모두를 바알에게 무릎 꿇게 하고 "주의 언약을 버리고 주의 제단을 헐며 칼로 주의 선지자들을 죽이도록" 한 것이, 실은 이세벨 여왕을 통해서 역사하던 바로 이 영이었습니다(왕상 19:14-18 참조). 이 한 영이 나라 전체를 타락시키는 거의 모든 일을 담당하였는데, 이 권세자가 이미 미국을 상대로 영적 전쟁을 시작했습니다.

이세벨은 지독스럽게 자기 뜻대로 하며 다른 사람 앞에 뛰어나 모두를 쥐고 흔들려는 강렬한 야심에 차 있습니다. "이세벨"이란 이름을 문자대로 번역할 때, "동거함이 없음"을 뜻한다는 것은 주목할 만합니다. 이는 그녀가 "같이 사는 것" 즉 누구하고도 "동거하기"를 거절함을 뜻합니다. 이세벨은 다른 사람과의 관계를 자기가 지배하고 휘어잡을 수 없는 한 그 누구와도 함께 살지 않을 것입니다. 그녀가 복종하는 것 같고 "종처럼" 보일 때에는 이는 단지 전략적으로 어떤 이익을 얻기 위한 것입니다. 그녀는 마음으로는 아무에게도 복종하지 않습니다.

이세벨을 만들어 낸 영은 그 이름을 받은 사람이 태어나기 전부터 존재했었음을 명심하기 바랍니다. 우리가 이세벨을 부를 때, "그녀"라고 하지만, 이 영은 성이 없습니다. 그러나 대부분의 권세자들이 주로 노리는 목표가 지도층에 있는 남성들인 반면, 이세벨은 물리적인 힘을 쓰지 않고도 농간을 부리는 그의 교묘한 솜씨 때문에, 독특하게도 여성 심리에 더 잘 파고든다는 사실을 아는 것이 중요합니다.

남자들로부터 무시를 당하거나 권위의 남용으로 남자들에게 원한을 갖고 있는 여자들을 노리는 이세벨을 찾아보십시오. 이 영은 불안감, 질투나 허영심 때문에 다른 사람들을 지배하고 휘어잡기를 바라는 여자들을 통해서 역사합니다. 사람들 앞에서 입을 놀려 남편에게 창피를 준 다음, 사람들 앞에서 당혹스럽게 되면 어쩌나 하는 두려움을 심어 남편을 지배하는 여자의 배후에는 이세벨이 있습니다.

그녀는 지옥에서 알려진 성 도착의 모든 수단을 이용하지만 문제는 음란이 아닙니다. 왜냐하면 그녀가 구하는 것은 지배(조정)이며 색욕의 권세를 사용하는 목적은 남자를 사로잡으려는 것입니다. 이세벨의 세력 아래 있는 여자에게는 그녀의 유혹적인 눈길이 남자를 사로잡기만 한다면, 그를 "정복하기" 위해 육체적 접촉을 사용할 필요는 없는 것입니다.

확대된 전투

초대 사도들의 시대 이래, 특별히 전자 시대가 동이 튼 이래, 전쟁의 범위는 크게 늘어났습니다. 우리 세대는 교회와 세상에 닥쳐 온 싸움의 대체적인 범위를 분별하기조차 어렵습니다. 우리는 세계 인구가 3억에서 오늘날 50억 이상으로 증가한 반면, 귀신들의 수는 1세기 이래 변하지 않았으므로 싸움은 줄어야 한다고 실제로 추측할 만도 합니다. 그러나 매스컴의 매체와 출판물을 통해서, 마귀가 우리가 살고 있는 세상에서 인간 영혼에 접근할 수 있는 통로는 오히려 늘어났습니다. 요한계시록 12장 15절에서 이러한 때를 두고 기록하기를, "여자의 뒤에서 뱀이 그 입으로 물을 강같이 토하여 여자(교회)를 물에 떠내려가게 하려 하되"라고 했습니다.

이 말씀에서 물은 '말'을 상징합니다. 우리가 살고 있는 세상은 사탄의 입에서 나오는 말들과 시각적 영상들로 범람하고 있습니다. 기술의 발전을 통해서, 우리 사회는 우리의 생각과 마음이 손쉽게 죄를 짓도록 만들어 놓았습니다. 이전 그 어느 때보다 더 육신적인 생각은 이 더럽고 반항적인 사탄의 물결을 그대로 받아들이면서 마귀를 위한 강력한 요새로 되어가고 있습니다.

정보와 새로운 소식으로 가득 차고, 오락이 위주가 된 우리의 세상에서는 꼬마 귀신들조차 극작가들이나 영화, 텔레비전의 제작자들을 손아귀에 넣는 것만으로도 큰 영향력을 행사할 수 있습니다. 실로 사탄은 늘 "공중의 권세 잡은 자"입니다(엡 2:2). 그러나 우리는 "공중의 권세"가 단순히 바람이 아님을 깨달아야 합니다. 우리는 이 권세가 특별히 이 세상에서 라디오와 텔레비전 신호를 보내는 공중 전파를 포함하고 있다는 것을 알아야 합니다.

그래서 우리 자신의 삶 속 어디에 사탄의 침입로가 있는지를 분별하고 이를 차단해야 합니다. 우리가 주일날 아침에는 하나님을 경배한 다음, 바로 그날 저녁에는 영화를 보며 부도덕한 오락물을 통해 역사하고 있는 이세벨을 용납한다는 것은 있을 수 없는 일입니다. 실로 이세벨과의 싸움과 관련하여 영원한 말씀이신 주님이 자신을 구체적으로 "뜻과 마음을 살피는 자"(계 2:23)라고 묘사하신 것은 바로 이 점을 마음에 두고 하신 말씀입니다. 왜냐하면 우리의 개인적인 정신생활의 내적 성소야말로 이세벨을 용납하기 시작하는 곳이기 때문입니다. 우리 속의 바로 이곳에서부터 이 영을 쫓아내야 합니다.

포로된 자들을 자유케 하라!

이세벨의 영은 오락 업계를 통해서 거침없이 흘러나갑니다. 그는 패션계에서 자기를 과시합니다. 그는 미국의 각종 학교와 대학의 철학 부문의 학위들을 자랑합니다. 우리 사회에서 이 영의 영향력을 느끼지 않을 수 있는 곳이 어디에 있습니까? 이세벨은 정치가나 설교자를 마찬가지로 망하게 합니다. 그녀는 낙태의 배후의 숨어 있는 선동자입니다. 부부 사이에 불만을 일으키게 하는 것도 바로 이세벨의 영입니다.

이 영은 천 구백년 전 성령께서 그 정체를 벗겨 드러내실 때 두아디라 교회에 자리를 잡고 있었습니다(계 2:19-29). 그는 여전히 교회 안에서 그가 가장 좋아하는 자리를 잡고 있습니다. 존경할 만한 사람들 중에 하나님을 사랑하고 그를 섬기려 하면서도 그들의 마음이 남 모르게 이세벨에게 포로가 되어 있는 이들이 있습니다. 이 시간에도 그들은 외설잡

지에 빠져 있는 것을 매우 부끄럽게 느낍니다. 그러나 그들은 여자에 대한 욕망을 거의 조절할 수 없습니다. 그들에게 기도하라고 하십시오. 그들의 영은 죄책감과 수치심에 빠져 있습니다. 그들의 기도는 이세벨에게 시종드는 내시들의 흐느낌일 뿐입니다.

하나님을 찾으며 교회에 나오는 선량한 여인들 중에 이 영에 잡혀 교회 내의 남자들을 공상 속에 그리며 자기들의 남편이 다른 이의 남편처럼 "영적"이 아니라고 한탄하는 이들이 있습니다. 머지않아 이런 여인들은 "우리 목사님만" 이해할 수 있다고 하는 식으로 문제를 키워갑니다. 이 여인들이 먼저 상담해야 할 사람은 여성, "늙은 여자-교회안의 경건한 여인들-"이지 목사나 장로들이 아닙니다(딛 2:3-5). 만약 여러분 중 여성이신데, 교회의 남성 지도자와 상담해야만 한다면, 그들이 자기 부인이나 나이 있는 경건한 여인에게 동참해 주기를 부탁하는 것을 불쾌하게 여기지 마십시오.

이 영에게 당한 사람들은 누구나 먼저 이 영에 대한 자신의 동정적인 생각들을 깊이 회개해야 하며, 그 다음에 이에 맞서 싸워야 합니다! 몇 날 몇 주를 자기를 정죄하며 시간을 허비하지 마십시오. 청소년기에 여러분 안에서 양육을 받고 자라난 이세벨적인 사고로부터 떠나 성령의 검을 들고 이세벨이란 권세자에 맞서 싸우십시오! 여러분이 속한 교회의 성도들을 위해 기도하십시오. 여러분의 지역사회의 그리스도인들을 위해서 기도하십시오. 여러분이 시험받을 때 이세벨에 대항히여 싸우리 한다면 결과적으로 여러분이 위험하게 될 것입니다! 이 영은 여러분의 적극적인 반격이 다른 사람들을 자유케 하고 있음을 일단 깨닫고 나면 여러분에 대한 공격을 멈출 것입니다!

공격 받기 쉬운 목표물들

우리는 이 영이 좀 더 복합적인 여성의 성품을 이용하는 것을 좋아한다고 밝혔습니다. 그러나 이 귀신은 남성들을 통해서도 활동할 수 있습니다. 사실 이세벨은 전문적인 음악인이 갖고 있는 아주 세련된 자질을 노리며, 특히 그런 사람이 찬양 예배의 인도자나 책임자가 되겠다는 야심과 또 그런 기회를 갖고 있을 때 이를 노립니다. 그것은 또한 목사의 삶에서조차 고개를 들 기회를 엿봅니다. 이런 경우 그 목사는 교회를 치리하는데 있어서 매우 권위적이며 고집불통이 될 것입니다. 그런 목사는 어김없이 다른 목사들과의 교제와 그들 앞에서 사역에 대한 책임을 지는 일을 피하며 고립됩니다. 그는 유혹에 빠져 교회 안의 한 여인 또는 몇몇의 여인들과 불장난 같은 관능적인 관계 "특별히 은밀한 관계"를 유지합니다. 머지않아 그는 십중팔구 간음죄의 유혹에 무릎을 꿇고 말 것입니다.

그러나 이 영이 더 좋아하는 성격은 여자의 본성입니다. 여성들의 어떤 사역은 다른 사역들보다 더 깊이 교회 일에 관여하게 되기 때문에 당연히 그들은 이세벨의 영이 노리는 목표가 됩니다. 교회 지도자들은 들어 두십시오. 이 영은 교회 내의 지도자급의 자리에 스스로 파고 들어갈 기회를 노립니다. 예수님께서 이세벨에 대해 "자칭 선지자"라고 말씀하셨던 것을 기억하십시오(계 2:20). 어떤 여성이 선지자적인 기득권을 갖고 활동할 수 있는 것은 분명합니다. 그녀는 여선지자로서 위임 받은 권위로 섬기도록 하나님으로부터 기름부음을 받았을 수도 있습니다. 그러나 그녀가 인정받기를 강조할 때, 그녀가 조작하거나 교회 안에서 남자들의 지도력을 전적으로 무시할 때, "그녀가 자신을 여선지자라고 부를 때" 조심하십시오.

기도 모임 인도자들, 교회의 사무원들, 예배와 찬송 인도자들, 목사와 사모들 모두는 특별히 이 영의 목표가 되어 있습니다. 이런 직분을 맡아 섬기는 여러분은 모두 여러분을 대적하여 오는 영적 전투에 관해 지시를 받고 경고를 받아야 합니다. 여러분 한 사람 한 사람이 이세벨의 영을 대적하는 싸움을 위해 훈련 받는 교회의 "전투 팀"의 일원이 되어야 합니다.

이세벨이 증오하는 것들

이세벨은 회개를 싫어합니다. 그녀가 최고로 두려워하는 것은 사람들이 그들의 죄에 대해 통회 자복하는 것입니다. 이 영은 교회에 침투하여 교회를 지배하려는 자신의 욕망을 참된 기독교 교리의 가면을 쓰고 감추려 할 것이지만, 참된 회개 앞에서는 숨을 것입니다.

이세벨은 겸손을 증오합니다. 예수님께서 가르치시기를, 하늘나라에서의 위대함은 다른 사람에게 어떻게 보이느냐가 아니라 그 마음이 얼마나 어린 아이처럼 정직한가로 달아보게 된다고 하셨습니다. 참된 사역은 자진해서, 또 간절한 마음으로 다른 사역에 복종하며 그 앞에서 책임을 집니다. 이것이 종의 마음을 가진 사람들의 전형적인 모습입니다. 그러므로 영성의 척도는 온유함이지 능력이 아님을 우리는 배워야만 합니다.

이세벨은 기도를 증오합니다. 중보의 기도는 이세벨의 손가락을 잡아 당겨 움켜쥐고 있는 사람들의 마음과 혼을 놓게 하며 이로써 그들의 영을 자유케 합니다. 여러분의 기도는 그녀를 묶습니다. 음란을 대적하는 여러분의 기도는 그녀를 불구로 만듭니다. 순복하는 마음을 위한 여러분의 기도는 마치 예후가 탄 말이 그녀의 몸을 짓밟는 것과 같습니다.

이세벨은 선지자들을 증오합니다. 왜냐하면 선지자들이 그녀를 대적하여 외치기 때문입니다. 선지자들은 이세벨의 최대의 적입니다. 이세벨은 사람들이 선지자적 교회의 메시지에 반대하도록 선동하기 위해 싸웁니다. 그녀는 선지자들보다도 그들이 외치는 하나님의 말씀을 더 증오합니다. 이세벨의 진정한 원수는 선지자들을 통해 선포되는 하나님의 말씀입니다.

이세벨의 궁극적인 증오는 바로 하나님에 대한 증오입니다. 그녀는 하나님께서 그의 종들에게, 심지어 그들이 범죄한 후에도 넘치도록 주시는 은혜를 증오합니다. 이세벨은 하나님께서 자기를 끌어 내리시기 위해 가장 약하고 가장 비천한 자를 들어 쓰시는 사실을 증오합니다. 그녀는 하나님께로부터 오는, 또 하나님의 전에서 섬기는 이들을 감싸고 있는 마음의 거룩함과 정결함을 증오합니다.

기도합시다!

아버지, 우리는 주님께, 또 주님이 세우신 의의 기준에 복종합니다. 마음의 정결함과 온유함과 거룩함을 간구합니다. 우리가 우리의 생각과 행동 모두에서 이세벨의 영을 용납해온 것을 용서해 주십시오.

아버지, 우리가 주님께 복종함으로 마귀를 대적할 수 있는 주님의 권세를 우리에게 주셨습니다. 예수님의 이름으로 우리가 이 권세자 이세벨을 묶습니다. 우리는 이 지역 사회와 우리나라를 장악하고 있는 이세벨식 사고의 견고한 진을 파합니다. 이 지역의 영계에 이 귀신이 지어놓은 요새들을 공격하러 나왔사오니, 이제 성령이시여 이세벨의 요새를 파하고 그의 소유들을 나눠주소서.

눈과 마음의 신실함이 남편들과 아내들에게 있을지어다. 마음의 순결함과 은혜가 그리스도의 몸의 각 지체, 독신자나 기혼자 모두에게 있을지어다. 우리는 당신의 백성을 예수님의 피로 덮습니다. 겸손하고 순종하는 영의 기쁨이 있을지어다. 또한 야망과 교만의 망상들을 허물어 내리노라. 예수님의 이름으로 기도합니다. 아멘!

Chapter 18

엘리야, 예후, 그리고 이세벨의 전쟁

The Three Battlegrounds

엘리야의 영과 이세벨의 영 사이에 아주 오랜 전쟁이 계속되고 있습니다. 오랜 세월에 걸친 이 싸움에서, 엘리야는 하늘나라의 관심사들, 곧 회개하고 돌아오라는 하나님의 부르심의 음성을 대표합니다. 이세벨은 회개의 역사를 방해하고 무너뜨리는 것을 목적으로 하는 특정한 권세자를 대표합니다.

우리의 국가는 승자에게로 돌아감

엘리야의 영과 이세벨의 영과의 싸움을 이해하려면 맞서 싸우는 이 두 인물을 성경이 어떻게 보여주는가를 알아야만 합니다. 두 사람은 각각 상대방의 영적 대응자입니다. 엘리야가 담대합니까? 이세벨은 철면피입니다. 엘리야가 악에 대해 무자비합니까? 이세벨은 의로움에 대해 사악합니다. 엘리야가 하나님의 방법과 말씀을 이야기합니까? 이세벨은 속이는 말들로 이루어진 조직 체계로 가득차 있습니다. 엘리야와 이세벨 사이의 전쟁은 오늘도 계속됩니다. 양편의 주된 용사들은 그들이 각기 거느린 선지자들입니다. 우리 국민의 마음은 승자에게로 돌아오게 될 것입니다.

사무엘의 전통에 따라, 엘리야는 선지자 학교의 교장이었습니다. 그의 밑에는 선지자의 생도들-문자 그대로 수백 명의 선견자들과 예언적 시인들이 있었고 그들은 하나님의 말씀을 선포했습니다. 그러나 이 전쟁에서 이세벨은 사악하게 그리고 체계적으로 모든 하나님의 종들을 죽였고 마침내 엘리야만 남게 되었습니다(왕상 18:22). 엘리야는 마지막 남은 선지자로서, 바알의 선지자 450명과 아세라의 선지자 400명에게 누가 능한가를 보여주는, 그들의 신들과 여호와의 능력의 대결을 갖자고 도전했습니다.

이 850명은 거짓 선지자들이며 "이세벨의 상에서 먹는" 사탄의 제사장들이었습니다(왕상 18:19). 그들은 어두움의 군대가 만들어낼 수 있는 최고로 강력한 귀신에 잡힌 사람들이었습니다. 이세벨의 남편 아합 왕이 "모든 이스라엘 백성들에게" 이 소식을 전했고, 모든 백성이 엘리야의 하나님과 이세벨이 섬기는 반신반인의 우상들 사이에 벌어질 대결을 보기 위해 왔습니다.

그 대결의 조건들은 간단했습니다. 각각 황소 한 마리씩을 자기 제단 위에 놓는 것입니다. 그때 엘리야는 말했습니다. "너희는 너희 신의 이름을 부르라 나는 여호와의 이름을 부르니 이에 불로 응답하는 신 그가 하나님이니라"(왕상 18:24). 6시간이 지난 후에도 사교 집단의 제사장들은 불을 만들어 낼 수 없었습니다. 12시간이 지나서 엘리야는 그들을 조롱하기 시작했습니다. "큰 소리로 부르라 그는 신인즉 묵상하고 있는

지 혹은 그가 잠깐 나갔는지 혹은 그가 길을 행하는지 혹은 그가 잠이 들어서 깨워야 할 것인지" 저녁 직전에 , 엘리야가 그의 제물을 놓고 기도하자 "여호와의 불이 내려서 번제물과…태우고…모든 백성이 보고 엎드려 말하되 여호와 그는 하나님이시로다 여호와 그는 하나님이시로다"(왕상 18:16-40). 이처럼 능력있게 여호와를 증거한 직후, 엘리야는 히브리인들에게 바알의 선지자들을 잡아들이게 했고 그들 모두를 죽였습니다.

이 시점에서, 우리는 엘리야가 이스라엘로 가서 하나님께 이세벨을 죽여 주실 것을 간구했으리라고 생각할 만하지만, 그는 그렇게 하지 않았습니다. 실은, 놀라실지 모르지만, 엘리야는 영적 싸움의 맹렬한 공세 하에 놓이게 되었습니다. 분노에 찬 이세벨은 엘리야를 대적하여 사술을 퍼붓고 귀신의 능력을 보여 엘리야의 마음에 두려움을 심었습니다. 엘리야는 달아났습니다.

여러분은 아마 묻기를 "어떻게 그처럼 능력 있는 선지자가 뒤돌아서서 도망칠 수 있었는가?"라고 하실 것입니다. 이에 대한 해답은 간단하지 않습니다. 사실 상황은 더 악화되었습니다. 우리는 그후에 엘리야가 로뎀나무 아래 앉아서 그가 그 열조보다 못하다고 슬퍼하며 실제로 죽기를 기도하는 것을 보게 됩니다(왕상 19:4). 도대체 어떤 압력에 압도되었길래 이 위대한 하나님의 사람이 두려움과 낙망의 제물로 쓰러지고만 것일까? 바로 이세벨의 영입니다.

여러분은 알고 계셔야 합니다.

여러분이 이세벨이라는 권세자와 싸울 때에는, 그녀의 정욕과 사술을 굳게 대적하고 있다 하여도, 두려움과 낙심의 권세-귀신들을 조심해야만 합니다. 왜냐하면 그녀가 바로 이 권세-귀신들을 여러분에게 보내어서 여러분의 마음을 흩뜨려 싸움에서 떠나게 하고 이로써 승리로부터 멀어지게 할 것이기 때문입니다!

드라마는 계속됨

자신의 영적 충만함이 줄어들지 않고 영적인 측면에서 자기 자신을 다른 사람에게 어느 정도 나누어 줄 수 있다는 사실은 영적 세계에서는 하나의 정립된 원리입니다. 우리는 모세의 영이 칠십인 장로들에게 임한 데서 이를 봅니다(민 11:24-25). 또한 "모세가 안수하였을 때에 지혜의 영이 충만해진" 여호수아를 통해서도 이 원리가 적용되어짐을 볼 수 있습니다(신 34:9 참조).

이 개념을 염두에 두면 어떻게 엘리야의 영이 세례 요한을 통해서 일하도록 보내졌는지 이해할 수 있습니다. 이보다 전에 엘리야의 영이 또 다른 개인에게 임한 적이 있습니다. 여러분은 엘리야의 영을 갑절이나 받아 그의 뒤를 이은 선지자 엘리사를 기억하실 것입니다(왕하 2:9-11). 이제 다시 한 번, 엘리야 자신 속에 거했던 것과 똑같은 불같은 심령의 엘리야의 영이 세례 요한 속에서 사역하고, 활동하고, 영감을 주었습니다. 세례 요한은 "엘리야의 심령과 능력으로 주 앞에 먼저" 가야 했습니다(눅 1:15-17).

예수님은 세례 요한을 가리켜 "오리라 한 엘리야가 곧 이 사람이니라"고 말씀하셨습니다(마 11:14, 17:11-13). 세례 요한은 엘리야와 모습마저 닮았습니다. 엘리야가 돌아온 것입니다! 즉 엘리야의 영이 사명을 받고 세상에 보내졌던 것입니다. 엘리야처럼, 세례 요한은 죄가 보이는 곳마다 회개가 필요함을 선포했습니다. 그중의 한 예가 헤롯왕과 그의 아내 헤로디아의 부정한 생활이었습니다. 요한이 그들과 정면 대결을 벌이자 헤로디아는 그를 감옥에 가두었습니다(막 6:19).

그러나 헤로디아의 어두운 영적인 면을 이처럼 교묘히 다루고 지배하고 있었던 것이 누구였습니까? 엘리야의 영이 요한을 통해서 역사했던 것처럼, 이세벨의 영이 헤로디아를 통해서 이 세상에 모습을 나타냈던 것입니다. 이세벨은 많은 주술을 통하여(왕하 9:22 참조) 엘리야를 공격했고, 그 안에 두려움과 낙심을 일으킴으로써 자기 의심과 혼동 속에 빠지게 했습니다. 이세벨이 광야에서 엘리야에게 했던 것을 헤로디아는 이제 세례 요한에게 했습니다. 세례 요한은 성령이 그리스도에게로 내려온 것을 본 선지자였습니다. 그는 이는 내 사랑하는 아들이라고 말씀하시는 아버지의 음성을 분명히 듣기도 했습니다. 세례 요한은 메시아에게 죄가 없음을 분명히 알고 있는 사람이었습니다. 그러나 두려움과 낙심이 이 선지자에게 임했습니다. 그리스도에 대한 의심이 홍수와 같이 그 안으로 밀려들었습니다. "오실 그이가 당신이오니이까 우리가 다른 이를 기다리오리이까"(마 11:3).

"마침 기회가 좋은 날이 왔으니 곧 헤롯이…잔치할새"(막 6:21). "기회가 좋은"(전략적인-strategic: NASB-새 미국 표준성경)이란 말은 이 사건의 때를 딱맞게 묘사한 말입니다. 왜냐하면 엘리야와 이세벨 사이에 벌어지고 있는 이 전쟁에서, 헤로디아가 그 딸로 하여금 헤롯 앞에서 춤을 추게 한 후 그를 부추기어 그녀가 원하는 대로 무엇이든지 주겠다는 약속을 받아내게 했기 때문입니다. 그녀는 어미의 요청에 따라-보다 진실을 말한다면 이세벨의 요청에 따라-세례 요한의 머리를 요구했습니다. 그리고 당분간 이 두 영원한 원수들 사이의 대결은 잠잠해졌습니다.

엘리야가 오고 있음!

이천 년 전에, 예수님은 엘리야의 사역이 끝나지 않았다고 말씀하셨습니다. 그는 "엘리야가 과연 먼저 와서 모든 일을 회복하리라"(마 17:11)고 약속하셨습니다. 선지자 말라기도 기록하기를 "보라 여호와의 크고 두려운 날이 이르기 전에 내가 선지 엘리야를 너희에게 보내리니…그가… 돌이키게 하리라"고 했습니다(말 4:5-6). 엘리야는 싸우고 회복하기 위해서 지금 오고 있습니다! 그는 여호와의 큰 날이 이르기 전에 왔었고, 여호와의 두려운 날이 이르기 전에 다시 올 것입니다!

하지만 이미 언급했던 영에 관한 원리, 자신의 영적 충만함이 줄어들지 않고 영적인 측면에서의 자기 자신을 다른 사람에게 어느 정도 나누어 줄 수 있다는 사실을 기억하십시오. 왜냐하면 하나님은 오늘날 엘리야와 엘리사와 세례 요한처럼, 다시 오시는 그리스도의 길을 준비하도록 보내심을 받은 성령 충만한 남녀 종들, 바로 엘리야와 같은 선지지 무리를 일으키고 계시기 때문입니다!

예수께서 다시 오시기 전에 엘리야가 온다면 이세벨 역시 오리라는 것도 알아둡시다. 여러분은 실로, 미국에 사술과 매춘이 들끓는 속에서 그녀를 보지 않으십니까? 여러분은 여권주의 속에서 하나님의 권위를 거부하고 자신의 반역을 찬양하는 그녀의 뻔뻔스러운 목소리를 듣지 못하십니까? 심지어 하나님의 "종들"을 "행음하게" 하고 있는 그녀를 보지 못하셨습니까?(계 2:20) 이세벨이 자신의 모습을 이처럼 노골적으로 드러내고 있는 것은 엘리야의 영 역시 이제 이 나라 전역에서 회개의 역사를 일으키며 싸움에 나설 선지자들을 키우고 있음을 확증해주고 있습니다. 사실 "이세벨"과의 전쟁 상황에서 하나님을 섬길 것이라면, 여러분은 싸움에서 단순히 살아남기 위해서라도 선지자적인 기름 부으심을 받아야만 될 것입니다!

구약에서 우리는 하나님께서 어떻게 이세벨을 멸망시키셨는지를 봅니다. 새로 왕위에 오른 이스라엘의 왕 예후가 하나님의 약속을 성취하기 위해서, 엘리야의 계승자 엘리사를 통해 주신 하나님의 말씀에 따라 보내심을 받습니다. 예후와 그의 사람들이 이스르엘을 향하여 그들의 병거를 무섭게 몰고 갈 때, 이스라엘과 유다의 두 왕이 나와서 그를 맞으며 "예후야 평안하냐?"라고 물었습니다. 그가 대답하되 "네 어머니 이세벨의 음행과 술수가 이렇게 많으니 어찌 평안이 있으랴"(왕하 9:21-22). 예후는 두 왕을 죽였습니다. 그러고 나서 그는 곧바로 이세벨을 마주 대하러 이스르엘로 말을 달렸습니다. 성경은 다음과 같이 전해줍니다. 이세벨이 예후를 보았을 때, "주인을 죽인 너 시므리(예후)여 평안하냐 하니 예후가 얼굴을 들어 창을 향하여 이르되 내 편이 될 자가 누구냐 누구냐 하니 두어 내시가 예후를 내다보는지라 이르되 그를 내려 던지라 하니 내려 던지매 그의 피가 담과 말에게 뛰더라 예후가 그의 시체를 밟으니라"(왕하 9:31-33).

오늘날 우리가 이세벨과의 전쟁에서 꼭 기억해야 하는 것은 예후의 태도입니다. 우리는 이세벨에 사로잡힌 사람들을 불쌍히 여겨야 하지만, 반면에 예후는 이 악마적인 영에 대해 자비, 개혁에 대한 희망, 어떠한 타협이나 동정도 없었습니다! 우리도 이 악한 영에게 어떠한 기회도 허락해서는 안 됩니다. 만약 기회가 주어진다면 우리는 그녀의 "많은 술수들"에 쉽게 노출되어질 것입니다. 이세벨의 영은 영향을 미치는 높은 자리로부터 밑으로 내동댕이쳐져야 합니다. 예후는 "그의 시체를 밟았습니다." 이세벨이 쓰러져 피를 흘리고 거의 죽어갈 때, 예후는 그녀를 자기 말발굽으로 밟아 마지막 숨통을 끊었습니다! 이와 같이, 우리는 그리스도를 따르면서 이러한 독사들을 우리의 발로 짓밟아야 합니다(눅 10:19, 롬 16:20 참조).

우리도 마찬가지로, 이 영에 대해서는 어떠한 것도 용납해서는 안 됩니다! 이세벨이 죽임을 당하게 될 때까지는 평안도, 무화과나무 아래서 느긋하게 쉬는 일도 있을 수 없습니다! 그녀의 음행과 사술이 우리의 땅에 이렇게 범람하는 한 우리는 안락하게 사는 것을 중단해야 합니다! 우리는 타협과 두려움에 기초한 거짓 평안에 안주하기를 거부해야 합니다. 특별히 하나님의 영이 "전쟁"을 외치실 때는 더욱 그렇습니다!

내시들이 이세벨을 내던졌다는 사실은 중요한 뜻이 있습니다. 여러분 중에 어떤 이들은 이 귀신의 종, 그의 내시들이 되었습니다. 하지만 오늘, 바로 지금, 하나님께서 여러분에게 이세벨에 대한 영원한 심판에 참여할 특권을 허락하고 계십니다. 여러분이 그녀를 내던지십시오! 하나님 편에 서서 하나님의 심판이 임하도록 하십시오!

지금은 이 영에 대적하여 선지자들이 하나로 뭉칠 때입니다! 엘리야의 기름 부음 아래서, 성령님의 능력 안에서, 예후의 분노로 일어나서 이세벨을 쫓아냅시다!

함께 기도합시다!

아버지 당신께 내 마음을 드립니다. 이세벨의 영아, 주님의 종들에게 주신 예수 그리스도의 권세로 명하노니 너에게 포로된 자들을 해방하노라! 우리는 네게 잡힌 노예들을 해방한다!

우리는 내시들에게 말합니다. 이세벨에 대한 여러분의 동정심의 요새를 내던지십시오! 그녀의 악한 공상을 여러분의 생각에서 벗어 던지십시오! 예수 이름의 능력으로 우리는 여러분의 혼을 술수로 잡고 있는 그녀의 손아귀로부터 여러분을 풀어드립니다. 우리는 살아계신 예수 그리스도의 권세로 이세벨의 영과의 신성한 전쟁을 선포하노라! 아멘.

Chapter 19

이세벨에 대한 우리의 경험

The Three Battlegrounds

이제 여러분에게 말씀 드리는 것은 우리의 경험에서 온 것입니다. 이는 어떤 이론들이나 추측들이 아닙니다. 여러분과 나누려는 것은 실제로 효과를 본 것들입니다.

해방시키려면 먼저 해방되어야 한다

> 죄 없는 자가 아니라도 건지시리니 네 손이 깨끗함으로 말미암아 건지심을 받으리라(욥 22:30).

어떤 죄를 회개하는 것과 그 죄를 일으키는 우리 안에 있는 요새를 실제로 파하는 것에는 차이가 있습니다. 회개는 그리스도의 십자가를 믿는 믿음을 필요로 합니다. 그러나 견고한 진을 파하는 것은 우리 자신을 십자가에 못 박도록 요구합니다. 이 점에 관한 저의 경험을 말씀드린다면, 1971년에 주님은 이세벨의 영의 영향에서 제 심령을 정결케 하는 근본적인 일을 시작하셨습니다.

이 회개의 기간은 약 40일 동안 계속되었습니다. 그 기간 동안 성령으로 말미암아 이세벨의 영을 용납하던 요새가 허물어졌습니다. 제가 그 전에 씻음 받고 용서 받은 죄를 반복하여 회개하고 있었던 것이 아님을 분명히 해두어야 하겠습니다. 앞에서 말했듯이, 제가 회개한 것은 죄가 아니라 죄의 원인이었던 본성이었습니다. 이것이 요새를 파하는 요점입니다. 우리를 더럽게 하고 짓누르는 사고 방식, 여러 해 동안 우리의 본성 속으로 집을 짓고 들어온 것을 파괴하는 것입니다. 제 목표는 오직 제 "심령이 새롭게" 되는 것이었습니다(엡 4:23).

이 일은 다음과 같은 방식으로 일어났습니다. 성령께서 제가 구원 받기 전 청소년 시절의 죄들을 생각나게 해주셨습니다. 하루에 두 세 번씩, 매일, 꿈으로 또는 일할 때, 주님께서 저의 죄들을 생각나게 해주셨습니다. 주님께서 이런 일을 드러내실 때, 저는 기억에 되살아나는 것마다 예수님의 보혈로 덮었습니다. 기도할 때마다 저는 저의 생각 안에 있는 요새에서 또 하나의 "돌"이 뽑혀 나가고 있는 것을 성령을 통해 알았습니다.

마침내 주님은 한 꿈을 통해서 이 요새가 허물어졌음을 보여주셨습니다. 그 꿈에서 두 사람이 말하고 있었는데, 그 중 한 사람은 아기를 안고 있었습니다. 아기를 안고 있던 사람이 대화 가운데 나쁜 말을 사용했습니다. 그는 갑자기 어린아이로 인해 당황해 하다가 곧 아기는 순진해서 자기가 한 말의 뜻을 모를 것이라고 스스로를 안심시켰습니다. 꿈에서, 저는 저 역시 그 말의 뜻을 알지 못함을 깨달았고, 이로써 하나님의 은혜로 꿈에서 아기로 상징된 제 심령 속에 새로운 순결이 임한 것을 깨달았습니다. 그때에 저는 이세벨의 영에 대해서 아무 것도 알지 못했습니다. 그럼에도 불구하고, 주님은 제 안에서 그 영에 대한 어느 정도의 대항력을 기르고 계셨습니다.

이세벨과의 첫 대면

1970년대에 저는 지혜와 지식의 계시적 은사를 갖고 활동하는 수십 명의 사람들이 있던 기관에서 목회했습니다. 거기에는 "밤과 낮" 기도, 아름다운 경배의 찬양, 헌신과 능력이 있었습니다. 주님께서 모압 들에서 야곱에게 하셨던 것처럼 주님은 들소의 뿔같이 우리를 높여 주셨습니다(민 22-25). 우리를 대적하는 저주나 불길한 징조가 전혀 없는 것 같이 보였습니다. 하나님께서 우리에게 축복을 주셨고 성공은 눈앞에 있는 것처럼 보였습니다. 그러나 발람이 발락에게 이스라엘 사람들을 모압의 딸들로 유혹하라고 권했듯이 이세벨의 영은 이 하나님의 역사에 공격을 시작했습니다.

만일 원수가 여러분을 직접 공격할 수 없으면, 그는 여러분을 죄에 빠지게 만들 기회를 노리며 이로써 여러분을 주님의 심판 아래 둘 것입니다. 이세벨의 영이 제 모습을 드러내기 시작하고 성적 범죄를 용납하는 일이 늘어갈 때, 저는 이 운동의 창립자를 찾아가 제가 이로 인해 걱정하는 것을 털어놓았습니다. 그와 개인적으로 만났을 때, 저는 아들이 아버지에게 하듯 했습니다. 그러나 그는 제 말을 받아들이지 않았습니다. 석 달 후 그를 다시 찾아가서, 이번에는 그를 지지하는 전 지도층에게, 이세벨을 용납하는 것에 대한 주님의 심판은 질병과 죽음이라고 눈물로 경고하며 호소했습니다(계 2:22-23). 다시 한 번 제 말은 받아들여지지 않았습니다. 몇 달 뒤 저는 지도자의 자리에서 쫓겨났고 그 다음에는 결국 그 모임에서 떠날 수 밖에 없게 되었습니다. 제가 떠난 지 몇 달 후에 그 지도자는 아내와 이혼했고, 이혼한 지 1년이 안 되어서 그의 비서와 결혼했습니다. 2년이 채 못 되어서 그는 전립선암으로 죽었습니다.

이 경험이 가져온 충격은 처참한 것이었지만, 또한 빛을 주는 것이었습니다. 비록 개인적으로는 크게 낙심되고 의기소침해지는 기간이었지만, 저는 이세벨의 영에 대해 많이 배울 수 있었고 주제넘게 경솔한 죄가 얼마나 무서운 일인지 깨달을 수 있었습니다. 저는 사람들이, 하나님께서 다른 사람은 몰라도 자신들만은 심판하지 않으리라는 착각을 하고 있을 때 시험하는 자가 와서 그들을 망하게 하는 것은 시간 문제라는 사실을 깨닫게 되었습니다. 예수님은 지혜와 총명, 모략, 재능과 지식의 영을 가지셨지만 그의 즐거움이 "여호와를 경외함"에 있다는 것은 깊은 의미를 갖습니다(사 11:2-3). 주제넘게 경솔한 죄는 여호와를 경외하는 것과 정반대입니다. 이는 앞날의 패배를 예고하는 것입니다.

기도를 통하여 혼적인 것들을 풀어줌

그것이 이세벨의 영과의 첫 번째 경험이었지만, 마지막은 아니었습니다. 1985년에 상담을 하는 동안, 우리는 이세벨의 영이 동성연애를 부추기는 부하 귀신을 지휘하며 배후에서 지배하는 영향력을 가지고 있다는 것을 분별하게 되었습니다. 주님께서 이세벨을 대적하여 싸우도록 지시하셨고, 단 한 달 동안에 세 사람이 이 도착증에서 해방되었습니다! 그 다음 달에는 지역 케이블 텔레비전 방송망에서 플레이보이 채널이 없어져 버렸습니다. 사람들이 성문제에 대해 도움을 청하고 환상으로부터 해방시켜 달라며 전화하기 시작했습니다. 심지어 목사님들과 사모님들도 저희가 벌이고 있는 싸움에 대해 아는 바도 없이 전화를 걸어 죄를 고백하여 해방을 얻었습니다. 우리가 이세벨을 대적하는 싸움에 초점을 두자 그녀의 손아귀에 잡혀 있던 많은 사람들이 해방되고 있었습니다!

때를 같이 해서 저의 가족과 교회를 향한 공격이 상당히 늘어났습니다. "흠을 찾아내는 자"라는 이름의 귀신(이 귀신을 한 달이 지나서야 분별하게 되었음)이 교회에 분열과 분쟁을 가져왔습니다. 우리가 깊이 사랑하던 사람들이 갑자기 설명할 수 없는 증오를 가지고 우리를 대적했습니다. 교회 내에 의심이 쌓이게 되었고 동요하기 시작했습니다. 그럼에도 불구하고, 우리는 이 영에 대적하는 싸움을 계속했고 우리의 싸움이 효력을 내고 있다는 확신이 생겼습니다.

그러던 어느 날 밤, 이세벨의 영이 우리 침대의 발치에 나타났습니다. 저는 온 몸이 마비되는 것을 느꼈고, 말하거나 심지어 도움을 청하려고 소리를 지를 수도 없었습니다. 가까운 친구들을 이간질했던 이 영이 이제 바로 내 앞에, 사람의 몸을 통하지 않고, 바로 버티고 서 있었던 것입니다. 나의 모든 육신의 생명이 문자 그대로 내 몸에서 빠져 나가는 것 같았습니다. 저는 오직 그리스도의 생명이 저를 지탱하고 있다고 느꼈습니다.

들을 수 있는 소리로 한 말은 아니었지만, 생각의 전달을 통해서, 이 권세자는 다음의 말들을 내 마음 속에 심었습니다. "네가 현재와 같이 계속 기도한다면 너와 너의 교회에 나가는 사람들을 모두 죽여 버리겠다." 그러고는 사라졌습니다. 심지어 그 영이 떠난 것이 분명한데도 저는 거의 움직일 수가 없었습니다. 제 마음은 낙심되는 생각들로 가득 채워졌습니다. "왜 내가 이 사람들을 위해서 기도해야 하지? 언제 누가 내게 등을 돌리게 될지 모르는데 왜 이 고생을 해야 하나?" 그러나 결국 성령의 도움으로 압박의 사슬은 깨어졌습니다.

그러나 이세벨의 죽이겠다는 협박은 거짓말이 아니었습니다. 그 후 일주일이 안 되어서 교회의 한 여인이 전화를 걸어 도움을 청했습니다. 그녀의 남편은 마약을 먹고 그녀와 아이들을 위협하고 있었습니다. 우리는 그녀를 도와줄 준비를 한 다음 그녀와 자녀들을 탈출시켰습니다. 바로 그날 밤 새벽 한 시에 저는 격앙된 그녀의 남편으로부터 전화를 받았습니다. 이 남자는 자칭 나치주의자로 총을 34자루나 소유하고 있었는데 그의 아내가 어디 있는지 이야기하라고 했습니다. 그는 "내 아내가 어디 있는지 얘기하지 않으면, 내가 너와 너의 교회에 나가는 사람들을 죽여버리겠다!"고 말했습니다. 이 말은 얼마 전에 이세벨의 영이 저의 침대 발치에서 했던 말과 똑같은 것이었습니다. 이세벨의 영이 그 전 주에 죽음의 협박을 실행할 도구를 찾아서 준비시킨 것이 분명했습니다.

목사들이 토요일 밤에 눈보라가 치도록 기도한다는 것은 정상적인 일이 아니었지만, 우리는 그날 밤에 이를 위해 기도했고, 밖에서 조금씩 내리던 눈은 눈보라로 변해서 일요일 아침 예배 시간까지는 10인치의 눈이 내렸습니다. 교회에 있던 우리는 다시 기도했고, 우리를 협박했던 그 사람으로부터 이세벨을 묶었습니다. 결국 그 사람은 주님을 구주로 영접하게 되었고, 하나님께서 영광을 받으셨습니다.

이상은 이세벨의 영에 대해 우리가 겪은 경험의 요약입니다. 우리가 전하는 말이 참인 것을 눈으로 보게 되시면, 그때에는 이 권세자와의 싸움에 가담하실 것을 놓고 기도하십시오. 우리가 쓴 것은 이론이나 추측이 아닌 경험에 바탕을 둔 것입니다. 이 싸움에 대한 우리의 증언은 간단히 이것입니다. 주 예수님 자신이 우리에게 "원수의 모든 능력을 제어할" 주님의 권세를 주셨습니다. "너희를 해칠 자가 결코 없으리라" 하신 주님의 약속은 미쁘십니다(눅 10:19).

Chapter 20

이세벨의 영을 대적할 전략

The Three Battlegrounds
원수를 단지 기도만으로 물리칠 수는 없습니다. 사탄의 제국을 무너뜨리기 위해서 반드시 그리스도의 형상으로 변화되어야 합니다.

이세벨과의 전쟁

이세벨을 대적하여 성공적으로 싸울 수 있는 교회는, 밖으로는 눈에 보이는 영광이요 안으로는 숨은 순결의 상징인 영광의 "새벽 별"(계 2:28)을 이어 받은 교회일 것입니다. 이 교회는 "만국을 다스리는 권세"(26절)를 누릴 것인데, 이는 오로지 하나님의 종들로부터 권세를 빼앗으려는 이세벨의 영을 정복했기 때문입니다. 또 교회는 병 고치는 은사가 그 사역의 중요한 요소가 될 것입니다.

이세벨과의 싸움에서 이기는 자에게는 큰 상급이 있습니다. 모든 승리는 기도에서 시작되지만, 하나님의 상급은 중보의 기도만을 통해서 얻어지는 것이 아닙니다. 이미 말한 바와 같이 승리는 우리의 입으로 고백하는 예수의 이름에서 시작됩니다. 그런데 그 완성은 우리의 심령에 그리스도의 성품이 이루어질 때에야 비로소 이루어집니다.

그러므로, 이세벨과의 전쟁과 관련해서 우리는 반드시 성령께서 어떤 면에서 우리가 이세벨의 영을 용납하고 또 동조하고 있는지 밝혀 주시도록 간구해야만 합니다. 우리 마음(mind)의 전투 영역에서 승리하지 않고는 하늘의 전쟁을 성공적으로 이끌 수 없습니다. 원수에 대한 최후 승리를 보장하는 유일한 길은 그리스도를 닮는 것입니다.

예수님은 "사람의 뜻과 마음을 살피는"(계 2:23) 분이십니다. 모든 전쟁에서 우리의 승리는 바로 우리의 "마음과 생각"에서 시작됩니다. 결과적으로, 우리는 어떤 면에서도 이세벨적인 사고를 용납할 수 없습니다. 우리의 교회관이 교회당 건물을 넘어서서, 어느 곳에서든지 우리가 따르는 삶의 방식으로까지 넓혀져야만 합니다. 우리가 교회이므로 집에 있을 때에도 여전히 우리는 교회에 있음을 깨달읍시다. 우리가 텔레비전을 켜고 음란한 프로그램을 보고 있다면 우리는 여전히 교회에 앉아서 이세벨의 영을 용납하고 있는 것입니다.

만일 한 남편이 고집 센 아내를 두려워하거나 가장으로서의 역할을 할 수 없으면, 그가 예배당에 있지 않더라도 그는 여전히 이세벨을 묵인하며 교회에 있는 것입니다. 예배당에 모여 함께 예배를 드리는데 보내는 시간도 필요하지만, 그 시간은 우리의 계속되는 교회 생활의 아주 작은 부분입니다. 우리 매일 매일의 일상 생활이야말로 우리가 이세벨의 요새들과 맞부딪쳐 이들을 부숴버려야 할 곳입니다.

이세벨을 용납하는 아합

이세벨과 동역하는 영이 하나 있습니다. 이 귀신이 하는 일은 사람의 혼을 연약함과 두려움으로 채우는 것입니다. 그의 이름은 아합이며 그의 본성은 "자신의 권위를 이세벨에게 주는 자"입니다.

아합의 영은 사람의 마음속에서 무엇이나 용납하며 아량을 보이는 역할을 합니다. 그는 이세벨과의 싸움에서 거의 약에 취한 듯 맥을 못 춥니다. 이세벨을 이기려면, 아합의 본성을 극복해야 합니다.

남편을 쥐고 흔드는 아내와 결혼한 사람의 반응은 다음 두 가지 중 하나입니다. 그의 삶에서 사람과 갖는 인간 관계를 두려워하든지, 아니면 대체로 여자들에게 원한을 품게 되든지 입니다. 만약 그가 고용주이면 여자들에게 지나치게 거칠며 지배하려 하고 "여자의 분수"를 알게 하는데 빠릅니다. 이는 아내에 대한 분노가 밖으로 나타나는 것입니다.

아합의 핵심은 "남편"이란 칭호와 "가장"이란 직위에 있지만 실제로 그에게 권위가 없다는 것입니다. 아합이 왕이었을 때, 이세벨이 지배했습니다. 자기 집을 경건하고 원수로부터 지킬 수 있는 권위로써 다스리지 못하는 사람은 다른 곳에서도 영적 권위를 행사할 수 없습니다. 이런 사람은 자신의 두려움을 회개하고 온유함과 인내로 단호하게 자기 집을 바로 잡아야 합니다.

그러나 권위에 대해서 좀 더 확실히 밝히도록 합시다. 권위란 단순히 위임 받은 책임입니다. 누가 우두머리인지가 중요한 것이 아니고 누가 책임을 지는가가 중요한 것입니다. 하나님으로부터 오는 권위가 세워지는 기반은 하나님의 사랑입니다. 가장은 단순히 그 가족의 상황에 대해 사랑의 책임을 지고 있는 사람입니다. 만일 어떤 사람이 가정에서의 권위를 단지 아내를 지배하는 것으로 본다면, 그 집에는 결코 평안함이 없을 것입니다. 하나님은 함께 결정을 내리고, 서로서로의 지혜를 의지하며, 친구로서 솔직하고 사랑스런 교제를 즐기는 부부들을 원하십니다. 이세벨을 다루는 하나님의 해답은 지배의 형태를 뒤집는 것(이세벨의 지배에서 남자의 지배로)이 아닙니다. 우리의 목표는 안전에 대한 이세벨의 개념을 한 여인이 남편으로부터 따뜻한 사랑을 받을 때 갖게 되는 안전으로 바꾸는 것입니다. 이로써 남자는 그리스도를 닮아가 이를 통해 이세벨과의 전쟁에서 승리하는 것입니다.

여자는 그리스도의 온유하심을 사모함으로써 이세벨의 오만함을 극복합니다. 여자는 온유하고 안정된 심령(벧전 2:23-3:2), 바로 자연스럽게 예수님을 닮는 심령을 갖기를 소원합니다. 아내는 하나님께서 세우신 가족의 질서에 대한 하나님의 지혜를 깨달아야 하고, 남편을 그의 머리로써 존경해야 합니다. 만일 미혼이면, 하나님께서 교회에 주신 권위에 주님께 하듯 복종해야 합니다. 다른 사람들을 섬길 때 보여주는 그녀의 겸손함과 평안함은 이세벨의 본성이 무너졌다는 표시입니다(빌 1:28).

이 여인은 "거짓된"(잠 31:30 전반절) 여성의 매력과 유혹직인 "여러 가지 고운 말"(잠 7:21)을 버리고 이세벨의 육감적인 면을 정복합니다. 그녀는 육감적인 안목과 유혹하는 부드러운 목소리를 갖기를 거부합니다. 기혼이면 그녀의 아름다움은 남편에게 향한 것이며, 미혼이면 성령의 열매의 영성으로 자신의 속사람을 가꿉니다. 그녀는 하나님의 기준을 자신의 것과 타협하면, 자기의 기준을 그녀의 것으로 타협하게 될 남자와 만나게 될 것이 불가피하다는 것을 압니다. 하나님께서 그녀를 위해 참으로 준비하신 사람은 현숙한 여인을 찾는 경건한 사람입니다. 그녀의 승리는 기도로 시작되지만 변화됨으로써 온전케 됩니다.

우리가 그리스도 안에서 그의 백성으로 되는 모습은 이세벨의 영과 정반대입니다. 그녀가 반항적입니까? 우리는 순종적이어야 합니다. 그녀가 교만하고 오만합니까? 우리는 마음이 온유하고 겸손해야 합니다. 그녀가 지배하는 귀신입니까? 우리는 기꺼이 양보할 줄 알아야 합니다. 이세벨이 사술, 음란, 두려움과 실망을 줍니까? 우리는 그리스도와 함께 십자가에 못박힌 삶을 살아서 그리스도의 순결함을 가지며 풍성한 사랑, 우리의 비전에 대한 충만한 믿음으로 살아야 합니다. 다시 말하지만 우리 안에 그리스도의 성품이 이루어지는 것이야말로 이세벨의 영에 대한 우리의 승리를 확고히 해줍니다.

사탄의 권세에 대항한 합동 전투

그들이 듣고 한마음으로 하나님께 소리를 높여(행 4:24).

가정에서 이세벨과의 전쟁에 승리하는 것이 중요한 것처럼, 우리는 합심 기도와 전투를 위해서도 함께 모여야만 합니다. 합심기도는 어둠의 권세에 대한 교회의 일치된 중보기도입니다. 이런 형태의 싸움은 최소의 필요조건을 갖추고 다양한 형태로 이루어질 수 있습니다. 하지만 이 필요조건들은 효과적인 전투를 위해서 필수적입니다.

1. 예배가 싸움의 한 요소가 되어야 합니다. 다양한 예배와 찬양이 싸움에서 불가분의 요소가 되어야 합니다. 우리의 전투 중에 여러 사람들이 즉흥적으로 알맞은 노래들을 가지고 나와서 인도합니다. 예수님께 시선을 모으고 항상 감사하십시오!
2. 중보기도는 성령의 인도를 받아야 합니다. 이는 "방언으로 기도하는 것" 이상입니다. 이는 우리가 듣는 것을 배우기를 요구합니다. 종종 합심기도가 실제로 방언하는 이로 인해 방해를 받는데, 이런 사람은 큰 소리로 남은 아랑곳없이 "방언"을 하여 모임을 지배하려 합니다. 합심으로 기도할 때 기도하는 사람들이 물을 길어야 할 공동의 샘이 있습니다. 그것은 성령님께서 모임을 창조적인 합심으로 인도하실 때 일어나는 성령님의 섬세한 변화에 우리가 반응하기를 요구합니다. 각자의 기도는 될수록 짧게 하고(2-5분), 한 번에 한 가지씩 기도 제목을 말하고 다른 사람을 위하여 합심하여 기도할 수 있게 문을 열어 놓아야 합니다.
3. 계획된 기도 시간을 지기도록 하십시오. 우리가 성령을 지배하려는 것 같이 들릴지도 모르지만, 시간을 예측할 수 있으면 더 많은 사람들이 기도 시간에 헌신할 수 있게 됩니다. 그러나 주님

께서 중보기도를 더 명하시는 특별한 경우는 그에 따르는 여유를 두십시오.

4. 주제넘지 않아야 합니다. 실제로 어떤 사람이 귀신의 이름들을 부르고 "귀신과 감히 싸우려"고 하는 등등의 경우, 그의 잘못된 것을 가르치십시오. 기도 중에는 하나님의 말씀, 성령, 그리고 예수의 이름을 사용하십시오. 그 이상의 것들은 육신적인 것입니다.

5. 될 수 있는 대로 말을 적게 하십시오. 꼭 필요한 말을 제외하고는 기도 후에 하십시오.

6. 전투에 나설 사람들은 교회 지도자의 훈련과 승인을 받아야 합니다. 저의 의견이지만, "전투팀"은 물론 일선에 있는 사람들을 위해서 기도하는 "지원팀"이 있으면 교회에 큰 유익이 됩니다.

Chapter 21

이세벨의 영으로부터 자유함을 얻기

The Three Battlegrounds

이세벨의 영은 거칠고 남성 지배적인 이 세상에서 여성들을 보호한다는 명목으로 사탄이 내어 놓은 술수입니다.

경건함이냐 주술이냐

이세벨의 영은 한 여성이 경건치 못한 남성들로부터 받은 피해를 이용합니다. 그러한 과정 속에서 그 여성으로 하여금 조작과 관능과 위협과 같은 방법들로 문제를 해결해 나가도록 몰고 갑니다. 그러나 이 영은 그녀의 생존을 위한 고결한 목적을 가지고 있지 않습니다. 이세벨의 영에 이끌려가다 보면 사람들과의 관계 속에서 그녀가 사용하는 기교들이 점점 주술의 원리와 비슷하게 되어갑니다. 이 여성은 이러한 것을 깨달을 수도 있고 깨닫지 못할 수도 있습니다.

이세벨의 영이 그녀의 삶 속에서 역사하는 것은 아이러니가 아닐 수 없습니다. 타락한 남성 위주의 권위주의적 세상에 반기를 들었던 이 여성이 이제 그녀를 괴롭히던 사람들과 같이 되어갑니다. 그러한 과정 속에서 힘과 안전감을 얻습니다. 즉, 그녀 자신이 거칠고 사랑이 없는 권위주의자가 되어갑니다. 따라서 남성들의 모습에서 미워했던 바로 그것을 이제 그녀가 지니게 되는 것입니다.

하지만 하나님께서 여성들에게 주시는 방패 혹은 보호막은 그리스도의 본성입니다. 이세벨의 영을 이길 수 있는 방법은 예수님의 성품을 본받는 것입니다. 그분의 부르심을 받은 우리들에게 요구되는 것은 우리의 "권리들"을 십자가에 못 박고, 우리에게 상처를 준 모든 목록들을 십자가 위에 올려놓는 것입니다. 그렇게 할 때에 예수님께서 모든 것들을 새롭게 하십니다. 우리는 그분을 따르는 자들로서 우리에게 상처를 준 자들을 용서하고, 원수들을 사랑해야 합니다. 그리스도의 사랑이 우리 안에서 역사할 때에, 우리의 대적들에도 불구하고 소망을 지닐 수 있으며, 거친 세상 속에서 보호와 안전을 느낄 수 있습니다. 우리는 그리스도의 방법을 따름으로써 보호받을 뿐만 아니라 영원한 생명을 얻을 수 있습니다. 또한 고통받는 거친 세상 속에서도 열매 맺는 삶을 살 수 있게 됩니다.

영적 자유가 주는 기쁨

우리는 이세벨의 영에 묶여 있다가 자유를 얻은 많은 여성들을 알고 있습니다. 이들은 오늘날 세계 각처에서 존경받는 사역을 하고 있습니다. 그들은 사역자가 되기 위해 남성과 같이 되어야 한다고 느끼지 않습니다. 그들은 여성으로서 하나님께 영광을 돌리고 있으며, 큰 권세와 자유를 가지고 사역에 임하고 있습니다.

하지만 이세벨의 영은 여성을 남성으로 그리고 남성을 여성으로 변화시키려 하는 불법의 영입니다. 이세벨의 영이 여성에게 "불법적인" 힘을 제공해주기 때문에, 이 영으로부터 자유케 되기 위해서는 자신의 연약함을 포용할 수 있어야 합니다. 사도 바울이 한 말을 다시 봅시다. "그리스도께서 약하심으로 십자가에 못 박히셨으나 오직 하나님의 능력으로 살으셨으니"(고후 13:4). 따라서 하나님은 여성이 자신의 안전을 지키기 위해 하나님의 능력과 선하심을 신뢰할 때까지 그녀 안에 보호령을 내리실 것입니다. 여성들은 다른 사람들을 조정하려는 마음을 버려야 합니다.

이세벨의 영이라는 견고한 진은 두려움에 대한 여성의 반응 속에 깊은 뿌리를 내리고 있습니다. 여성은 미래의 일을 예측할 수 있기 원하기 때문에 조정하려 합니다. 신뢰할 수 없기 때문에 조정하려 합니다. 하지만 성서는 "온전한 사랑이 두려움을 내어 쫓나니 두려움에는 형벌이 있음이라"(요일 4:18)고 말합니다. 이세벨의 영으로부터 자유케 되는 과정 속에서 여성들에게는 사랑으로 그들을 격려해줄 수 있는 경건한 남성들과 여성들이 필요합니다. 특히 연약한 순간에는 더욱 그러합니다.

이세벨의 영의 영향을 받고 있는 여성은 고통받는 여성이라는 것을 기억하십시오. 그녀는 마땅히 받아야 할 사랑을 경험하지 못했습니다. 그래서 이세벨의 영이라는 견고한 진이 생기게 된 것입니다. 이러한 여성들을 돕는 사역자들은 도움을 구하러 온 여성이 이미 자유를 위한 첫걸음을 내디뎠다는 사실로 인하여 감사해야 합니다. 그 여성이 자신의 필요를 인식한 것입니다. 사역자들은 그러한 여성이 자유케 되는 동안 사랑으로 최선을 다할 것을 확인시켜 주어야 합니다.

영적으로 자유롭게 되는 데에는 몇 단계들이 있습니다. 혼의 자유와 영의 자유는 같지 않습니다. 혼은 인생의 사건들, 즉 기억, 소망, 사랑, 미움, 경험, 반응들로 가득 차 있습니다. 혼은 당신의 성품과 지성과 감정입니다. 하지만 당신의 영은 당신이 꿈을 꿀 때에 당신을 조용히 관찰하는 자입니다. 영은 당신의 생각을 평가합니다. 고린도전서 2장 11절의 말씀을 주목하여 살펴보십시오. "사람의 일을 사람의 속에 있는 영 외에 누가 알리요."

인간의 영은 여호와의 등불로서 사람의 깊은 속을 살핍니다(잠 20:27). 따라서 여성은 자신의 깊은 곳에서 견고한 이세벨적인 생각들과 부드러운 그리스도인의 모습 사이에 존재하는 차이를 인식해야 합니다. 여성은 하나님을 신뢰하는 것으로부터 다른 사람들을 조정하려는 것으로 끌어내는 영 안의 미묘한 움직임을 자신이 인식해야 합니다. 일단 영의 기만으로부터 자유함을 얻게 된 여성은 또한 혼의 자유함을 얻기 위해 앞으로 나아갈 수 있게 됩니다(시 32:2 참조).

혼은 먼저 생각의 영역에서 새롭게 되어야 합니다. 즉 우리의 생각과 관련된 모든 부분이 하나님의 말씀에 따라 정화되고 새롭게 훈련을 받아야 합니다. 이러한 과정은 영에 일어나는 초기의 각성보다 그리고 그 결과로 일어나는 자유함보다 더 긴 시간을 필요로 합니다.

혼이 자유롭게 되는 과정 속에서, 우리는 생각의 영역이 그 자체로 생존을 위한 본능을 가지고 있음을 깨달아야 합니다. 어떤 생각이나 이상도 죽음을 받아들이려 하지 않습니다. 따라서 우리는 모든 생각을 사로잡아 그리스도께 복종시켜야 합니다(고후 10:5). 그렇게 할 때에 혼의 영역에 세워진 견고한 진들이 무너져 내리게 됩니다.

그러면 그러한 여성은 이전의 이세벨적인 모습들이 보일 때마다 불안해하는 대신에 평온함을 유지할 수 있게 되며, 심지어 자신이 이전에 보였던 반응들을 생각하며 웃음을 지을 수도 있습니다. 그녀는 승리를 향해 나아가고 있는 것입니다. 그녀는 예수 그리스도의 평화를 맛보면서 확신 속에서 살아가게 됩니다.

Chapter 22

하나님은 당신의 심판을 따라 심판하신다

The Three Battlegrounds

바벨론의 영은 세상과 타협하는 영입니다. 우리의 마음에 어떤 면에서든지 이 악령과 동조하는 부분이 있으면, 우리는 궁극적으로 우리를 멸망시키려고 하는 그 짐승의 등에 올라타는 것이 됩니다.

바벨론의 영을 밝힘

바벨론의 영은 문명이 시작되면서부터 이 땅에 있어 왔습니다. 우리가 주님의 나라에서 아무런 타협 없이 행하기를 원한다면 이 영을 이해하는 것이 필수적입니다. 왜냐하면 바벨론의 영을 한 마디로 요약하면 자기 자신을 높이는 것이며, 자기 자신을 높이는 것은 바로 타협의 근원이 되기 때문입니다.

원래 바벨론은 부유하고 매혹적인 도시였을 뿐만 아니라 주로 종교적인 도시였습니다. 이것을 이해하면 이 원수의 본성을 잘 통찰할 수 있습니다. 창세기 11장 4절은 바벨론 사람들의 공통된 의도가 그들 자신들을 위해 한 도시와 그 "대 꼭대기가 하늘에 닿는" 탑을 쌓으려는 것이었음을 말해줍니다. 예능과 전쟁에서의 앞선 기술들보다 그들의 교만이 그들의 종교에 있었습니다. 여호와께서 그들의 언어를 혼잡하게 하시고 그들을 온 땅에 흩으셨을 때, 바벨론의 영은 세상에 두루 퍼지게 되었고 인간이 만든 종교들을 통해 "하늘에 닿으려는" 인간의 욕망이 모든 나라에 퍼져 자라났습니다.

우리는 또한 이 영에서 "우리 이름을 내자"고 하는 야망도 볼 수 있습니다. 이것은 우리 인간 본성의 한 부분이 될 만큼 많은 영향력을 미쳤는데, 솔로몬이 이를 잘 관찰했습니다. "모든 수고와 모든 재주로 말미암아 이웃에게 시기를 받으니(행해진 모든 수고와 모든 기술이 인간과 그 이웃 사이의 경쟁심에서 생긴 결과이니)"(전 4:4). 경쟁심과 자기 이름을 내려는 욕망은 아직도 바벨론의 영의 본성으로 이루어져 있습니다.

바벨론의 기원들에 대한 마지막 한 가지: 성경은 그들이 동쪽으로 옮기다가 시날 평지에서 "거기 거류하며"(창 11:2)라고 말씀합니다. 언제든지 교회가 앞으로 나아가기를 중단하고 "안주하기" 시작하면, 바벨론적 본성을 가진 그 무엇이 일어나리라는 것을 예상하십시오.

바벨론적 본성의 영향은 다니엘서에서도 보게 됩니다. 바벨론이 히브리 사람들을 정복하고 포로로 잡아간 것을 여러분은 기억할 것입니다. 거기에서 다니엘은 승진하여 느부갓네살 왕을 조언해 주는 갈대아 박사들 그리고 술사들과 자리를 함께하게 되었습니다. 그런데 우리는 바벨론의 술사들이 오직 전능하신 분만이 알고 계신 것을 알아내도록 명령을 받았을 때에 그들의 생각 속에 있는 이 영을 보게 됩니다. 그들은 말했습니다. "왕께서 물으신 것은 어려운 일이라 육체와 함께 살지 아니하는 신들 외에는 왕 앞에 그것을 보일 자가 없나이다"(단 2:11).

하나님이 아닌 그의 거처가 사람들과 함께하지 않는 신을 입으로만 섬기는 사람들이나 교회에서 우리는 바벨론의 영을 볼 수 있습니다. 대조적으로, 예수님은 우리의 임마누엘 즉 "우리와 함께하시는 하나님"이십니다. 참된 기독교의 가장 중요한 핵심은 영광의 소망이시며 우리 안에 계신 그리스도이십니다. 여러분은 땅 위에서 하나님과 전혀 교제를 갖지 않으면서 하늘에 계신 하나님을 공경한다고 말하는 교회에서 바벨론의 영을 발견할 수 있습니다.

바벨론은 멸망할 것임

바벨론의 영은 우리 주위 어디에나 있습니다. 일반적으로 우리 사회에도 있고 또 특별히 교회 안에도 있습니다. 요한계시록에서 이 영과 타협하는 사람들을 보게 됩니다. 그들은 "붉은 빛 짐승을 탄 여자"(계 17:3)로 나타납니다. 그 여자의 이마에는 "큰 바벨론 음녀들의 어미"(계 17:5)라는 이름이 쓰여 있습니다.

바벨론의 영을 분별하려면, 먼저 교만이 있는가를 살펴보십시오. "우리의 이름을 내자." 그 다음에는 세상적인 것이 있는가를 찾아 보십시오. "그 여자는 자주 빛과 붉은 빛 옷을 입고 금과 보석과 진주로 꾸미고." 마지막으로 여러분은 쾌락에 대한 정욕에 빠진 사람들에게서 "손에 금잔을 가졌는데 가증한 물건과 그의 음행의 더러운 것들이 가득하더라"(계 17:4) 함을 볼 것입니다.

하나님의 명령은 "내 백성아, 거기서 나와 그의 죄에 참여하지 말고 그가 받을 재앙들을 받지 말라"(계 18:4)는 것입니다.

우리에게 바벨론에서 나오라고 하시는 부르심은 그리스도를 닮아가라는 부르심입니다. 이 시간에도 하나님은 마음의 온유함과 온화함과 순결함으로 들어가도록 분명히 교회를 부르고 계십니다. 성령께서 교회로부터 바벨론의 요새들을 심판하시고 정결하게 하시는 일을 해오고 계십니다. 참으로 바벨론의 죄악들은 곧 재앙들로 끝을 맺게 될 것인데, 그 재앙들은 바로 지금도 바벨론에 떨어지고 있습니다. 하나님은 그분의 자비로 우리를 이 악에서 나오라고 부르십니다. 요한계시록은 계속하여 "짐승은 음녀를 미워하여 망하게 하고 벌거벗게 하고 그의 살을 먹고 불로 아주 사르리라"(계 17:16)고 말씀합니다. 우리가 이 악령과 함께 있기로 하면, 그는 언제든지 우리를 망하게 하고 벌거벗게 하고 꺼지지 않는 불에서 고통을 당하게 합니다. 이는 우리 각자가 들어야만 하는 경고입니다. 우리 마음의 성소에서 우리는 어떤 방법으로든 바벨론과 타협하지 않기로 결단해야 합니다.

정복하는 사람들

요한계시록은 바벨론에서 나올 뿐만 아니라 바벨론에 대항하는 군대로서 일어난 사람들에 대하여 말씀합니다. 주님의 지시에 따라 그들은 하나님께서 바벨론을 심판하시는 도구가 되었습니다. 바벨론의 멸망에 대하여, 요한계시록 18장 20절에는 문자 그대로, "하늘과 성도들과 사도들과 선지자들아, 그로 말미암아 즐거워하라 하나님이 너희를 위하여 그에게 심판을 행하셨음이라(하나님이 바벨론에 대한 너희의 심판을 따라 심판하셨음이라)"고 쓰여져 있습니다. 요한은 여기에서 마지막 때의 성도들과 사도들과 선지자들에 대하여 썼는데 그들의 말과 순결함이 바벨론의 영을 심판하는 근원이 되었다는 것입니다! 사실 하나님께서 그들의 심판을 따라 심판하실 것입니다!

주 예수님은 우리가 이 영으로부터 자유로울 뿐만 아니라 이 영에 대항하여 싸우기를 원하십니다. 다시 말해서, 우리가 영과 성품에서, 말과 행동에서, 의에 대한 하나님의 말씀과 일치할 때, 하나님은 악에 대한 그의 심판을 우리의 입에 담아주실 것입니다! 우리의 삶의 소박함과 순결함이 바벨론의 권세를 묶고 그의 포로들을 해방시키는 도구가 될 것입니다!

우리는 혈과 육이 아닌, 사람들을 포로로 잡고 있는 어두움의 권세들에 대항하여 싸우고 있습니다. "교회로 말미암아" 하나님의 각종 지혜가 "하늘에 있는 통치자들과 권세들에게"(엡 3:10) 알려졌습니다. 예수님께서 다시 오시기 전에 그의 교회는 모든 면에서 그리스도의 장성한 분량에까지 성장할 것입니다(엡 4:11-15). 그리고 그것은 사악함을 증오하고 의로움을 사랑하는 군대, 그리스도를 따르면서 지옥의 많은 문들에 대항하여 영적 전투를 시작하는 군대가 되는 것을 포함합니다.

예수님 : 우리의 용사이신 왕

예수님은 세상이 십자가에 못 박은 "온유하고 부드러운" 양으로 다시 오시지 않습니다. 그렇습니다. 주님은 굴욕을 당하시려고 다시 오시지 않습니다. 주님은 "그의 성도들에게서 영광을 받으시려고"(살후 1:10) 오시는 것입니다. 그는 먼저 성도들 안에 영광 중에 그의 통치권을 세우시고 권능 중에 나타나실 것입니다(계 2:26). 그는 만왕의 왕이요 만주의 주로 다시 오십니다. 이 양은 하나님의 맹렬한 진노의 포도주 틀을(계 19:15) 밟으며 다시 오십니다.

선지자를 통해서 성령님은 "여호와께서 용사같이 나가시며 전사같이 분발하여 외쳐 크게 부르시며 그 대적을 크게 치시리로다"(사 42:13)라고 말씀하십니다. 우리의 왕이 크게 부르시는 전쟁의 외침 소리가 들립니까? 이는 바벨론의 우상들을 버리고 예수님께 열정과 기꺼운 순종으로 우리 운명의 시간을 향해 다가서라는 부르심입니다. 기록된 대로, "주의 권능의 날에 주의 백성이 거룩한 옷을 입고 즐거이 헌신"(시 110:3) 하게 될 것입니다! 특별히 이 시대의 종말에 접근하면서 하나님의 목적이 우리를 하나님의 아들의 형상을 본받게 하는 것임을 이해하는 것은 필수적입니다. 우리는 거룩하신 자, 만군의 주이신 그분을 닮아 "모든 면에서" 자라도록 되어 있습니다!

여러분이 예수 그리스도의 승리가 지배하는 체제 속으로 들어갈 때, 한 때 앞이 보이지 않고 캄캄하던 여러분의 발걸음은 이제 비전과 빛의 발걸음이 될 것입니다. 여러분의 말은 하나님의 목적을 선포하게 될 것이며 그의 목적은 여러분의 말에 능력을 줄 것입니다. 여러분은 성령님께서 바벨론에 대한 "당신의 심판을 따라 심판하시는" 것을 보면서 기뻐할 것입니다.

하늘에 계신 아버지, 당신을 경배합니다. 당신의 이름이 온 땅에서 높임을 받으셔야 함을 선언합니다. 곧 당신이 당신의 아들에게 주신 예수라는 이름 말입니다! 우리는 우리 자신들을 위하여 이름을 내려는 것을 포기하고 이 세상의 환상들을 내던져버리며, 안락함과 쾌락에 대한 정욕들을 회개합니다.

주님, 우리는 바벨론의 영을 구별하여 심판합니다! 그 영의 취함과 음란함으로부터 당신의 백성을 해방합니다! 우리는 주님의 의로운 심판의 기준에 따라서 삶을 살겠고, 그럼으로써 주님께서 이 영에 대한 우리의 심판으로 심판하시기를 원합니다. 예수님의 이름으로 기도합니다. 아멘!

Chapter 23

원수의 본성을 분별함

The Three Battlegrounds

주님께서 그의 백성으로 하여금 그들의 도시를 취하도록 하기 위해서 그의 백성을 연합시키고, 군대를 일으키시며, 그들을 갖추시며, 준비시키시고 계십니다.

적의 심장을 찌르라

영계에서는 어느 한 존재의 이름은 늘 그의 본성과 일치합니다. 성경에서 주님에게 주어진 많은 이름들이 있음을 아실 것입니다. 그런데 밝혀진 이름 하나하나는 실제로 주님의 본성을 나타내는 더 깊은 계시입니다(창 22:14, 출 3:14). 마찬가지로 주님의 천사들의 이름 역시 그 이름을 가진 천사들의 본성을 설명합니다.

영적 존재의 이름과 본성 사이의 이 같은 일관성 있는 원칙은 악한 영들의 활동과 목적을 분별하는데도 사용됩니다. 어둠의 세상 주관자들을 멸망시키기 위해서는 반드시 그것들의 본성을-무엇을 기대하는가, 그들의 전략은 무엇인가, 또 그들이 그 전략을 우리의 약점에 어떻게 적용하는지를-알아야만 합니다.

성경에서, "더러운 귀신(영)"이란 말은 단지 천사의 영들과 악한 영들을 구별하기 위해 쓰여진 일반적인 용어입니다. 그러나 더러운 영으로부터의 해방을 위해서는 그 특정한 더러운 영의 본성을 알 필요가 있습니다. 즉 그 더러운 영이 두려움의 영이든 정욕의 영이든, 어떤 것이든지 일단 그의 본성을 알게 되면 그 이상 아무런 질문도 필요하지 않습니다.

거라사의 귀신 들린 사람에게 있던 더러운 영의 이름이 "군대"였음을 생각해 보십시오. 왜 군대입니까? "우리가 많음이니이다"(막 5:6-9). 그 이름을 앎으로써 예수님은 그 영의 본성을 쉽게 분별하셨고, 그럼으로써 실제적인 해방도 손쉽게 되었습니다. 요한은 요한계시록 9장 11절에서 타락한 천사를 무저갱의 사자 귀신들의 "임금"으로 묘사할 때, 이 주관자의 이름을 히브리어로 "아바돈이요 헬라어로는 그 이름이 아볼루온이더라"라고 밝혔습니다. 영어로는 이 이름들이 각각 "파괴"와 "파괴자"입니다. 여기서도 이름과 성격이 일치합니다.

그러나 일단 그 성격을 알면, 그 이름을 알 필요가 없습니다. 만일 "아바돈"을 대적하여 싸우고 있다면, 그 영을 히브리 이름 "아바돈"을 사용하는 것처럼 바로 "파괴" 또는 "파괴자"라는 이름으로 부를 수 있습니다. 또는 하나님께서 인도하시면, 단순히 그를 파괴의 영이라고 부름으로써 그 영과 싸울 수 있습니다. 어떻게 우리가 적을 물리칩니까?

승리는 우리의 입으로 고백하는 예수의 이름에서 시작됩니다. 그러나 그 완성은 우리의 심령 속에 있는 그리스도의 성품에 의하여 이루어집니다.

어린 양을 따르라!

우리는 이 책에서 몇몇 하나님의 원수들을 다루었습니다. 전략을 세우지도 않고 또 영적 전투의 일선에서 싸우는 사람들을 지켜주고 기도하는 사람들 없이 권세자들을 공격하러 돌격해 들어가서는 안 된다는 것이 매우 중요합니다.

성경에는 모든 싸움에서 치우침이 없이 적절한 균형 속에 움직이는 분명한 장면이 있습니다. "하늘에 있는 군대들이…그를 따르더라"(계 19:11-16). "적은 지식은 위험한 것"이라는 말이, 영적 전투에서보다 더 절실하게 적용되는 삶의 분야도 없을 것입니다. 승리하고자 한다면 왕이신 주 예수를 따라야만 합니다.

그러므로 깨어 조심하여 주님을 따르는 자들이 됩시다. 우리의 경험에 비추어 볼 때, 여러분이 원수에 대한 대규모 포위 공격을 시작하기 전에 여러분의 교회 성도들에게 훈련을 받게 하는 것이 필수입니다. 여러분은 여러분이 알고 있는 분야에서 음부의 요새들을 공격할 것입니다. 반면에 사탄은 여러분의 무지한 곳을 반격해 올 것입니다.

우리가 배우는 것과 훈련받는 것이 다르다는 것을 깨닫는 것이 중요합니다. 이 책을 읽는 것은 배우는 것이요, 주 예수님에게 각자 인도함을 받는 것은 훈련을 받는 것입니다. 다윗은 "내 손을 가르쳐 싸우게 하시니 내 팔이 놋활을 당기도다"(시 18:34)라고 기록했습니다. 이 책은 여러분에게 훈련이 필요하다는 것을 알리고 또 이를 위한 어느 정도의 통찰과 지침을 제시하려는 것입니다. 정면 대결의 싸움을 겪으면서 또 실제 전투 영역에서 주님께 복종함으로써 배우게 되는 것은 어떤 책의 가르침이 줄 수 있는 것을 훨씬 능가할 것입니다. 여러분의 담대한 믿음은 이 책이 아니라, 주님 안에서 흔들림이 없는 것이어야 합니다.

마지막 한마디

우리를 그리스도의 형상을 닮게 하시려는 하나님의 영원하신 계획을 받아들일 때에 기억해야 할 것은, 우리를 치기 위해 제조된 무기는 결코 날카롭지 못하며 우리를 대적하여 송사하는 혀는 우리에게 정죄를 당할 것이라는 사실입니다(사 54:17). 또한 우리가 모든 생각을 그리스도께 사로잡아 복종케 할 때 분명히 알아야 할 사실은, 우리의 복종이 온전케 될 때 하나님은 불복종한 모든 것들을 심판하실 준비가 되어 있다는 것입니다(고후 10:1-6).

우리가 그리스도 안에서 힘의 능력으로 기도할 때에 우리의 무기는 강력하다는 사실을 확인하십시오(엡 6:10). 자신감을 가지십시오. 그리고 담대하십시오. 우리의 기도는 화살과 같이 원수의 심장을 뚫을 것이기 때문입니다(시 45:5)! 예수님 자신이 먼저 그 길을 가셨습니다. 그를 경외하는 것은 원수의 요새를 파할 것입니다!

주님께서는 기드온과 같은 성품을 가진 여러분에게 말씀하십니다.

"너의 소명에서 물러나지 말지어다. 네가 네 스스로를 약하고 어리석고 천하게 여길지라도, 나는 이 세상의 높아진 것들을 파하려고 너를 세웠기 때문이다"(고전 1:28 참조). 기뻐하고 또 기뻐하라 내가 나의 충만을 네 삶 속에 나타냄으로 그 싸움을 완성하여 끝내기로 작정하였음이니라! "사탄이 하늘로부터 번개같이 떨어지는 것을 내가 보았노라. 내가 너희에게 뱀과 전갈을 밟으며 원수의 모든 능력을 제어할 권능을 주었으니 너희를 해칠 자가 결코 없으리라"(눅 10:18-19).

간략한 낱말풀이

우리의 씨름은 혈과 육에 대한 것이 아니요 정사와 권세와 이 어두움의 세상 주관자들과 하늘에 있는 악의 영들에게 대함이라(엡 6:12).

하늘(하늘의 처소- heavenly places)

에베소서 6장 12절, 3장 10절을 참조하세요. 성경말씀이 "하늘"이라고 할 때 이는 문맥에 따라 해석될 세 가지 장소 중의 하나를 말하고 있는 것입니다. 첫째 하늘은 대기권의 하늘 즉 궁창(시 19:1)입니다. 셋째 하늘은 우리에게 가장 잘 알려진 곳으로서, 곧 하늘들의 가장 높은 것으로 관 씌워진, 여러 층의 영광 가운데 으뜸인 바로 하나님 아버지께서 거하시는 곳을 뜻합니다(마 6:9).

이 책에서 특별히 다루는 하늘은 인간의 의식을 직접 둘러싸고 있는 영계입니다. 성경에서 흔히 "하늘의 처소"라고 알려져 있는 바로 이 영계야말로 우리의 영적 싸움의 전투 영역이 됩니다. 이 영계 안에서 선과 악의 영들이 인간의 영혼을 놓고 격전을 벌입니다. 궁극적으로 주 예수께서 다시 오셔서 모든 악이 사라지게 될 때 이 하늘은 하나님의 영광으로 가득찰 것입니다.

귀신들(demons)

헬라어의 "다이몬"에서 영어의 귀신들(demons)이 왔습니다. 흠정역(KJV)은 "귀신들"을 "마귀들(devils)"로 잘못 번역하고 있습니다. 마귀 곧 사탄은 하나뿐이나 귀신들은 많이 있습니다. 귀신들은 한 때 천사들이었으나 "자기 처소를 떠났습니다"(유 1:6 참조). 귀신들은 타락한 천사들입니다(계 12:9, 마 25:41).

신약 성경에는 "마귀"로 번역된 별개의 두 낱말이 있는데 각각 다른 영적 존재를 가리킵니다. 귀신들은 악의 정도가 서로 다릅니다(마 12:45). 귀신이란 말을 포괄적인 용어로 쓸 때, 요정들과 꼬마 도깨비들을 위시해서 정사와 권세에 이르기까지 모두 귀신의 범주에 들어갈 수가 있습니다. 그러나 "귀신"을 구체적인 용어로 사용할 때, 이는 보통 귀먹고 벙어리 된 영들이나 인간의 생각들로 가장한 영들과 같은 모든 더러운 영들을 가리킵니다.

귀신들은 지옥의 지상 전투 부대들입니다. 그들은 매우 많은 악령들이며, 하나님께서는 귀신들에게 인간을 포함해서 하나님의 뜻에 반항적으로 거역하는 영역 어디나 점령할 법적 권리를 주셨습니다. 유다서 1장 6절은 이 타락한 천사들이 영원한 결박으로 흑암에 갇혔다고 말씀합니다. 흑암은 단순히 빛이 없는 지역을 말하는 것이 아니라 도덕적 타락의 영적 장소입니다. 모든 신자들은 "귀신들을 쫓아낼" 책임이 있습니다(막 16:17).

악마(Devil)

헬라어의 "디아볼로스"는 참소하는 자, 비방하는 자의 뜻으로 사탄의 이름 중 하나입니다. 영어 단어의 "마귀(devils)"가 여기서 유래한 것으로 사탄에게만 사용해야 합니다(Vines Expository Dictionary).

사탄(Satan)

헬라어 "사타노스"는 대적, 대항하는 자, 마귀의 주된 이름입니다. 사탄은 하나님에게 사람을 비방하고, 사람에게 하나님을 비방합니다. 그의 인간에 대한 공격은 사람으로 하여금 죄를 짓게 만들고 그래서 인류에 대한 하나님의 심판을 불러옵니다. 사탄에 대한 우리의 싸움은 우리를 늘 깨끗하게 하고 마귀에 대한 하나님의 심판을 구할 때, 승리하게 됩니다. 성령의 사역 중의 하나가 마귀에 대한 하나님의 심판을 불러오는 것입니다(요 16:11).

사탄은 폭력 행위와 함께 속임수와 거짓말의 궁극적인 근원입니다. 예수님은 사탄이 "도적질하고 죽이고 멸망시키려고" 온 도적이라고 말씀하셨습니다. 사탄은 시험하는 자 또는 유혹하는 자입니다. 또 그는 형제들을 참소하는 자입니다. 성경 말씀은 또 그를 이 세상 임금과 이 시대의 신이라고 부릅니다.

저는 사탄 자신이 나타나거나 일반적으로 사람을 직접 공격하지는 않으며, 그 대신 사탄은 주님의 기름부음 받은 이들(욥, 그리스도, 베드로)

에 한해 직접 공격한다고 믿습니다. 성경적으로 말해서, 사탄을 꾸짖는 것은 귀신 다루듯이 "쫓아내는 것"이 아닙니다. 교회가 하나님께 복종하고, 하나님의 말씀을 실천하고, 증거하며, 굳게 붙잡아 지키고, 그리스도께서 흘리신 희생의 보혈의 능력을 알며, 십자가의 삶을 살 때 사탄을 대적하는 전쟁에서 승리할 수 있습니다(계 12:10-12).

통치자(Principality)

때로는 "권세자"로도 번역(롬 8:38, 엡 6:12, 3:10 참조)됨. 헬라어의 "아르키"라고도 하는데 낱말의 뜻은 "시작, 정사, 다스림" 등이며 사탄의 계급 구조에서 일정한 계급의 영적 존재들을 묘사하는 데 사용됩니다. 통치자들은 "권세들(Powers)"을 다스리며 이들과 함께 수없이 많은 보다 하위 부류의 귀신들을 다스립니다. 통치자들은 나라들과 나라 안의 지역들, 주, 도시와 심지어 교회에까지 영향력을 행사합니다. 이들은 지옥의 체제 안에서 통치권을 가진 영들이며 하늘나라의 "천사장들"에 대응하는 영들입니다. 그들은 교회를 대적하는 싸움의 임무를 할당하며 지역 전투를 지휘합니다. 대체로 그들은 어느 주어진 지역을 총괄하는 "악의 행정관들"입니다.

교회가 통치자들을 상대로 한 싸움에서 승리할 수 있는 방법은 그리스도의 영적 권세와 대체의 원리입니다. 통치자들은 귀신 쫓듯 "쫓아낼 수" 없습니다. 왜냐하면 그들은 사람들 안에 거하지 않고 "하늘의 처소"에 거하기 때문입니다. 교회 안에서 또 교회를 통하여 지역 사회 속으로 그리스도의 다스림이 확립해 들어갈 때 영계에서 대체됩니다.

권세들(Powers)

마태복음 24장 29절, 에베소서 6장 12절, 3장 10절을 참조하세요. 정사들과 동역하지만 그 밑에 복종하는 계급을 성경은 "권세들"로 부릅니다. 권세들은 자신에게서 라디오 전파처럼 에너지를 발사하여 자기 관할 지역에 그 힘을 뻗칩니다. 권세는 중요한 위치에 있는 귀신으로 그의 주 활동은 관할 지역을 그가 가진 특정한 악의 에너지로 덮어버리는 것입니다. 그들이 "권세들"이라고 불리는 것은 그들이 바로 그 이름 그대로 어두움의 권세들이기 때문입니다. 그들은 "덕"이라는 천사의 계급에 대응하는 악한 영입니다. 한 교회가 특별한 덕, 예를 들면 기쁨이나 믿음의 사역을 베풀 수 있는 것과 마찬가지로, 두려움 또는 우울증의 권세가 도시의 어느 퇴락한 지역을 통해 역사할 수도 있습니다. 많은 사람들이 어느 특정한 주간에 똑같이 특정한 문제와 씨름하는 일이 있습니다. 각 사람을 직접 다루는 대신에 그 지역을 담당한 권세를 묶고 난 다음, 그 사람들을 영적으로 예수의 피로 덮어주면 그들의 싸움은 열기가 가라앉게 되고 마침내 승리가 오게 됩니다.

한 권세가 영향력 있는 사람의 마음을 종종 드나들거나 또는 교회 안에 어떤 부정적인 태도를 형성하기도 하지만, 권세들은 대체로 도 단위의 관할 구역을 차지하고 있습니다. 중요한 권세들 역시 영계에 영향력을 행사하며 이들은 나라의 전 지역을 관할합니다. 다른 권세들은 정사의 주도 아래서 함께 일하지만, 한 두 권세가 가장 영향력 있고, 결과적으로 그 지역의 언어 습관에까지도 영향력을 미칩니다(뉴욕 시를 둘러 싼 몇 주의 딱딱한 지역 발음과 남부 지역의 천천히 거의 늑장부리는 것 같은 말씨를 비교해 보십시오).

정사들과 마찬가지로, 교회가 권세들을 상대로 한 싸움에서 승리할 수 있는 방법은 그리스도의 영적 권세를 집행하는 것과 대체의 원리를 통해서입니다. 권세들은 귀신 쫓듯 "쫓아내는 것"이 아닙니다. 교회 안에서 그리스도의 완전한 통치가 이루어지고 그 지역 성도들이 중보기도의 싸움에 나설 때 영계에서는 그들의 영향력이 그리스도의 영향력으로 대체되게 됩니다.

어둠의 세상 주관자들(World Rulers of Darkness)

에베소서 6장 12절, 3장 10절을 참조하세요. 성경에서 "어둠의 세상 주관자들"이라고 할 때, 이는 정사들의 한 계급으로 국가적 차원에서 다른 정사들과 그 밑에 있는 권세들을 다스리는 영적인 존재를 말합니다. 세상 주관자들의 영향권은 전 세계입니다.

다니엘서에서 그러한 정사 하나가 "바사 군주"로 알려졌습니다. 이 세상 주관자는 기도의 응답을 전하기 위해 파송된 천사와 싸웠습니다. 이 땅에서는 고레스가 바사의 왕이었지만 영계에서는 또 하나의 주관자가 있었습니다. 여러분은 다니엘의 중보기도를 통해 유대인들이 예루살렘으로 돌아가 성을 재건할 수 있도록 고레스 왕의 허락을 받게 된 것을 기억할 것입니다. 그러나 영계에서는 세상 주관자가 이를 막고 있었습니다. 결국 이스라엘을 지배하는 천사장(세상 주관자들과 동등한 계급) 미가엘이 다니엘에게 원래 파송되었던 천사와 합세하여 적을 물리쳤습니다. 정사들과 권세들과 마찬가지로 세상 주관자들이 미치는 영향은 유럽 여러 나라의 기질과 문화에서 찾아볼 수 있습니다.

하나님의 나라(Kingdom of God)

마가복음 1장 14-15절, 마태복음 5장 3, 10절, 6장 33절을 참조하세요. 성경적으로 말해서 이 표현은 항상 하나님의 통치가 그리스도를 통해서 시작되는 영원한 영적 실재를 가리킵니다. 하늘나라의 확장은 크게 두 가지로 나타납니다. 영원 속의 하늘나라와 한정된 시간의 세계 속에서 그리스도를 통해 나타나고 또 들어가게 되는 하늘의 향기입니다. 저자가 "나라를 세운다"고 할 때, 두 번째 정의와 그 문맥을 같이 합니다. 우리의 견해는 그리스도가 다시 오시기 전에 전 세계가 정복되어 그리스도께 복종케 되어야 한다는 것이 아닙니다. 오히려 우리가 하나님의 나라를 말할 때, 이는 구속받은 사람들이 영적으로 새로 태어남으로써 상속받는 그리고 순종하는 사람들이 그리스도의 말씀에서 발견하는 영생의 차원에서의 하나님의 나라입니다.

순전한 나드 도서안내   02-574-6702

No.	도서명	저자	정가
1	존 비비어의 승리〈개정판〉	존 비비어	12,000
2	교회를 뒤흔드는 악령을 대적하라	프랜시스 프랜지팬	5,000
3	교회를 어지럽히는 험담의 악령을 추방하라	프랜시스 프랜지팬	5,000
4	영분별〈개정판〉	프랜시스 프랜지팬	4,000
5	그리스도인의 삶의 비결〈개정판〉	진 에드워드	9,000
6	존 비비어의 친밀감〈개정판〉	존 비비어	16,000
7	내게 신선한 기름을 부으셨나이다	허 철	9,000
8	내어드림〈개정판〉	프랑소와 페늘롱	7,000
9	존 비비어의 축복의 통로〈개정판〉	존 비비어	8,000
10	부서트리고 무너트리는 기름부으심	바바라 J. 요더	8,000
11	사도적 사역	릭 조이너	12,000
12	사사기	잔느 귀용	7,000
13	상한 마음을 치유하는 기도	마크 & 패티 버클러	15,000
14	상한 영의 치유1	존 & 폴라 샌드포드	17,000
15	상한 영의 치유2	존 & 폴라 샌드포드	13,000
16	성령님을 아는 놀라운 지식	허 철	10,000
17	속사람의 변화 1	존 & 폴라 샌드포드	11,000
18	속사람의 변화 2	존 & 폴라 샌드포드	13,000
19	신부의 중보기도	게리 윈스	11,000
20	아가서	잔느 귀용	11,000
21	악의 속박으로부터의 자유	리 조이너	9,000
22	여정의 시작	릭 조이너	13,000
23	영광스러운 교회에 보내는 메시지 1	릭 조이너	10,000
24	영적 전투의 세 영역〈개정판〉	프랜시스 프랜지팬	13,000
25	예레미야	잔느 귀용	6,000
26	예수 그리스도와의 친밀함	잔느 귀용	7,000
27	예수님을 닮은 삶의 능력〈개정판〉	프랜시스 프랜지팬	12,000
28	예수님을 향한 열정〈개정판〉	마이크 비클	12,000
29	잔느 귀용의 요한계시록〈개정판〉	잔느 귀용	13,000
30	저주에서 축복으로	데릭 프린스	6,000
31	주님, 내 마음을 열어주소서	캐티 오츠 & 로버트 폴 램	9,000
32	지구상에서 가장 강력한 기도	피터 호로빈	7,500
33	축사사역과 내적치유의 이해 가이드	존 & 마크 샌드포드	22,000
34	출애굽기	잔느 귀용	10,000
35	하나님과 동행하는 사람들〈개정판〉	샨 볼츠	9,000
36	하나님과 사람에게 더욱 사랑스러운 자	듀안 벤더 클럭	10,000
37	하나님과의 연합	잔느 귀용	7,000
38	하나님을 연인으로 사랑하는 즐거움	마이크 비클	13,000
39	하나님의 아름다움을 바라보는 축복	허 철	10,000
40	하나님의 요새〈개정판〉	프랜시스 프랜지팬	9,000
41	하나님의 장군의 일기〈개정판〉	잔 G. 레이크	6,000
42	항상 배가하는 믿음〈개정판〉	스미스 위글스워스	13,000
43	항상 부족함이 없으리로다	롤랜드 & 하이디 베이커	10,000
44	혼동으로부터의 자유	릭 조이너	5,000
45	혼의 묶임을 파쇄하라	빌 & 수 뱅크스	10,000
46	존 비비어의 회개〈개정판〉	존 비비어	11,000
47	부활	벤 R. 피터스	8,000
48	거절의 상처를 치유하시는 하나님	데릭 프린스	7,000
49	존 비비어의 분별력〈개정판〉	존 비비어	13,000
50	통제 불능의 상황에서도 난 즐겁기만 하다	리사 비비어	12,000
51	어린이와 십대를 위한 축사사역	빌 뱅크스	11,000
52	빛은 어둠 속에 있다	패트리샤 킹	10,000
53	목적으로 나아가는 길	드보라 조이너 존슨	8,000
54	지도자의 넘어짐과 회복	웨이드 굿데일	12,000
55	하나님의 일곱 영	키이스 밀러	13,000
56	너희 지체를 의의 병기로 하나님께 드리라	허 철	8,000
57	세계를 변화시키는 능력	릭 조이너	12,000

PURE NARD BOOKS

No.	도서명	저자	정가
58	왕의 자녀의 초자연적인 삶	빌 존슨 & 크리스 밸러턴	13,000
59	믿음으로 산 증인들	허 철	12,000
60	욥기	잔느 귀용	13,000
61	나라를 변화시킨 비전: 윌리엄 테넌트의 영적인 유산	존 한센	8,000
62	세상을 다스리는 권세의 회복	레베카 그린우드	10,000
63	창세기 주석	잔느 귀용	12,000
64	하나님의 강	더치 쉬츠	13,000
65	당신의 운명을 장악하라	알렌 키란	13,000
66	자살	로렌 타운젠드	10,000
67	그리스도인의 영적혁명	패트리샤 킹	11,000
68	초자연적 중보기도	레이첼 힉슨	13,000
69	나는 하나님의 음성을 듣는다	킴 클레멘트	11,000
70	하나님의 초자연적인 능력	바비 코너	11,000
71	사랑하는 하나님	마이크 비클	15,000
72	일곱 교회 이기는 자에게 주시는 축복	허 철	9,000
73	초자연적 경험의 신비	짐 골 & 줄리아 로렌	13,000
74	웃겨야 살아난다	피터 와그너	8,000
75	폭풍의 전사	마헤쉬 & 보니 차브다	13,000
76	천국 보좌로부터 온 전략	샌디 프리드	11,000
77	속죄	데릭 프린스	13,000
78	신의 성품에 참예하는 자	허 철	8,000
79	예언, 꿈, 그리고 전도	덕 애디슨	13,000
80	아가페, 사랑의 길	밥 멈포드	13,000
81	불타오르는 사랑	스티브 해리슨	12,000
82	능력, 성결, 그리고 전도	랜디 클락	13,000
83	종교의 영	토미 펨라이트	11,000
84	예기치 못한 사랑	스티브 J. 힐	10,000
85	모르드개의 통곡	로버트 스턴스	13,500
86	1세기 교회사	릭 조이너	12,000
87	예수님의 얼굴(개정판)	데이비드 E. 테일러	13,000
88	토기장이 하나님	마크 핸비	8,000
89	존중의 문화(개정판)	대니 실크	13,000
90	제발 좀 성장하라!	데이비드 레이븐힐	11,000
91	정치의 영	파이살 말릭	12,000
92	치유 사역 훈련 지침서	랜디 클락	12,000
93	헤븐	데이비드 E. 테일러	13,000
94	더 크라이	키스 허드슨	11,000
95	천국 여행	리타 베넷	14,000
96	파수 기도의 숨은 능력	마헤쉬 & 보니 차브다	13,000
97	지저스 컬처	배닝 립스처	12,000
98	넘치는 기름부음	허 철	10,000
99	거룩한 대면	그래함 쿡	23,000
100	믿음을 넘어선 기적	데이브 헤스	10,000
101	영적 전쟁의 일곱 영	제임스 A. 더함	13,000
102	영적 전쟁의 승리	제임스 A. 더함	13,000
103	기적의 방을 만들라	마헤쉬 & 보니 차브다	12,000
104	개인적 예언자	미키 로빈슨	13,000
105	어둠의 영을 축사하라	짐 골	13,000
106	보좌를 향하여	폴 빌하이머	10,000
107	적그리스도의 영을 정복하라	샌디 프리드	13,000
108	성령님 알기	마헤쉬 & 보니 차브다	12,000
109	십자가의 권능	마헤쉬 & 보니 차브다	13,000
110	성령이 이끄시는 성공	대니 존스	13,000
111	축복의 능력	케리 커크우드	15,000
112	하나님의 호흡	래리 랜돌프	11,000
113	아름다운 상처	룩 홀터	11,000
114	하나님의 길	덕 애디슨	13,000

No.	도서명	저자	정가
115	천국 체험	주디 프랭클린 & 베니 존슨	12,000
116	당신의 사명을 깨우라	M. K. 코미	11,000
117	기독교의 유혹	질 새넌	25,000
118	우리가 몰랐던 천국의 자녀양육법	대니 실크	12,000
119	임재의 능력	매트 소거	12,000
120	예수의 책	마이클 코울리아노스	13,000
121	신앙의 기초 세우기	래리 크레이더	13,000
122	내 인생을 바꿔 줄 최고의 여행	제이 스튜어트	12,000
123	시간 & 영원	조슈아 밀즈	10,000
124	거룩한 흐름 분위기	조슈아 밀즈	10,000
125	하이디 베이커의 사랑	하이디 & 롤랜드 베이커	13,000
126	하나님의 임재	빌 존슨	15,000
127	하나님의 갈망	제임스 A. 더햄	14,000
128	형통의 문을 여는 31가지 선포기도	케빈 & 캐티 바스코니	6,000
129	춤추는 하나님의 손	제임스 말로니	37,000
130	참소자를 잠잠케 하라	샌디 프리드	13,000
131	영광이란 무엇인가?	폴 맨워링	14,000
132	내일의 기름부음	R. T. 켄달	13,000
133	영적 전투를 위한 전신갑주	크리스 밸러턴	12,000
134	성령을 소멸치 않는 삶	R. T. 켄달	13,000
135	초자연적인 삶	아담 F. 톰슨	10,000
136	한계를 돌파하라	샌디 프리드	13,000
137	블러드문	마크 빌츠	11,000
138	구약에서 일어난 모든 일들	윌리엄 H. 마티	13,000
139	신약에서 일어난 모든 일들	윌리엄 H. 마티	11,000
140	드보라 군대	제인 해몬	14,000
141	거룩한 불	R. T. 켄달	13,000
142	당신의 자녀를 향한 하나님의 65가지 약속	마이크 슈리브	8,000
143	무슬림 소녀, 예수님을 만나다	사마 하비브 & 보디 타이니	13,000
144	스미스 위글스워스의 병 고침(개정판)	스미스 위글스워스	12,000
145	뇌의 스위치를 켜라	캐롤라인 리프	15,000
146	약속된 시간	제임스 A. 더햄	13,000
147	실패를 딛고 일어서는 믿음	샌디 프리드	12,000
148	스미스 위글스워스의 성령의 은사(개정판)	스미스 위글스워스	13,000
149	끝날 때까지 끝난 것이 아니다	R. T. 켄달	15,000
150	완전한 기억	마이클 A. 댄포스	10,000
151	금촛대 중보자들 1	제임스 말로니	15,000
152	금촛대 중보자들 2	제임스 말로니	13,000
153	금촛대 중보자들 3	제임스 말로니	13,000
154	질투	R. T. 켄달	14,000
155	사탄의 전략	페리 스톤	14,000
156	죽음에서 생명으로	라인하르트 본케	12,000
157	올바른 생각의 힘	케리 커크우드	12,000
158	부흥의 거장들	빌 존슨 & 제니퍼 미스코브	25,000
159	악의 삼겹줄을 파쇄하라(개정판)	샌디 프리드	12,000
160	지옥의 실체와 하나님의 열심	메리 캐서린 백스터	12,000
161	문지기들이여 일어나라	제임스 A. 더햄	15,000
162	안식년의 비밀	조나단 칸	15,000
163	교회를 깨우는 한밤의 외침	R. T. 켄달	15,000
164	하나님의 시간표	마크 빌츠	12,000
165	예루살렘의 평화를 위해 기도하라	탐 헤스	13,000
166	유대적 관점으로 본 룻기	다이앤 A. 맥닐	15,000
167	폭풍을 향해 노래하라	디모데 D. 존슨	13,000
168	영광의 세대	브루스 D. 알렌	15,000
169	영적 분위기를 바꾸라	다우나 드 실바	12,000
170	하나님을 홀로 두지 말라	행크 쿠네만	14,000
171	하나님이 디자인하신 완전한 나	캐롤라인 리프	20,000

PURE NARD BOOKS

No.	도서명	저자	정가
172	대적의 문을 취하라(개정증보판)	신디 제이콥스	15,000
173	R. T. 켄달의 임재	R. T. 켄달	13,000
174	영성가의 기도	찰리 샴프	10,000
175	과거로부터의 자유(개정판)	존 로렌 & 폴라 샌드포드	14,000
176	하나님의 불	제임스 A. 더함	15,000
177	일상에 임한 하나님의 영광	브루스 D. 알렌	14,000
178	일곱 산에 관한 예언(개정판)	조니 엔로우	15,000
179	마지막 시대 마지막 주자	타드 스미스	13,000
180	주의 선하신 치유 능력	크리스 고어	13,000
181	건강한 생활 핸드북	로라 해리스 스미스	15,000
182	더 높은 부르심	제임스 말로니	12,000
183	레위기, 민수기, 신명기(개정판)	잔느 귀용	14,000
184	당신도 예언할 수 있다(개정판)	스티브 탐슨	14,000
185	생각하고 배우고 성공하라	캐롤라인 리프	15,000
186	기적을 풀어내는 예언적 파노라마	제임스 말로니	13,000
187	케빈 제다이의 초자연적 재정	케빈 제다이	14,000
188	적그리스도와 마지막 때 분별하기	마크 빌츠	13,000
189	마음을 견고히 하라	빌 존슨	9,000
190	천국으로부터 받아 누리기	케빈 제다이	13,000
191	모든 것이 당신에게 유리하게 되어 있다	케빈 제다이	15,000
192	징조 II	조나단 칸	18,000
193	데릭 프린스의 교만과 겸손	데릭 프린스	10,000
194	유다의 사자	랍비 커트 A. 슈나이더	15,000
195	십자가의 왕도(개정판)	프랑소와 페늘롱	9,000
196	하나님의 임재 안으로 들어가기	데릭 프린스	11,000
197	원뉴맨성경 신약	윌리엄 J. 모포드	50,000
198	One Thing(원띵)	샘 스톰스	15,000
199	천사들과 동역하는 삶	케빈 제다이	15,000
200	말씀으로 꿈을 해석하는 법	아담 F. 톰슨 & 아드리안 비일	37,000
201	능력의 문	조슈아 밀즈	17,000
202	데릭 프린스의 믿음의 능력	데릭 프린스	13,000

www.purenard.co.kr